Katarina Raker

Basics für Vertretungslehrerinnen und -lehrer

Praxistipps und Stundenideen für die Grundschule

Verlag an der Ruhr

Impressum

Titel

Basics für Vertretungslehrerinnen und -lehrer

Praxistipps und Stundenideen für die Grundschule

Autorin

Katarina Raker

Titelbildmotiv

Norbert Höveler

Abbildungen

wenn nicht anders angegeben © Verlag an der Ruhr

Druck

mediaprint solutions GmbH, Paderborn, DE

Verlag an der Ruhr
Mülheim an der Ruhr
www.verlagruhr.de

Geeignet für die Klassen 1–4

ISBN 978-3-8346-4151-9

Inhalt

Inhalt

Vorwort

Der Anfang ist die Hälfte vom Ganzen.

Aristoteles

Liebe Leserin*,

arbeiten Sie auch als Vertretungslehrerin an einer Grundschule oder sind im Vertretungspool einer Schulbehörde tätig? Dann kommt Ihnen folgender Erfahrungsbericht einer jungen Kollegin vielleicht bekannt vor:

Es ist morgens um halb sieben, als mich ein undefinierbares, aber sehr penetrantes Geräusch aus dem Tiefschlaf reißt. Nachdem ich das Geräusch lokalisiert habe (Wie? Schon der Wecker? Die Türklingel? Feueralarm? ***Telefon?****) und schlaftrunken den Hörer abhebe, bleiben mir noch genau 30 Minuten, um pünktlich zum Spontan-Vertretungsunterricht in der Schule zu erscheinen.*

Zwei bei rot überfahrene Ampeln später treffe ich tatsächlich noch pünktlich mit dem Gong im Klassenzimmer der 1b ein, stürme mit einem fröhlichen „Guten Morgen" auf den Lippen in den Raum und – der Klassenraum ist leer …

Kein Grund zur Aufregung, man ist ja routiniert, also schnell ein Blick ins Klassenbuch und – herrje, die Klasse hat Sport! Also nichts wie zur Turnhalle, vor der bereits 28 Abc-Schützen mit dem Sportunterricht begonnen haben – nun ja, vorausgesetzt, es steht heute tatsächlich Ringen und Kämpfen auf dem Plan …

„He, was ist denn hier los, spinnt ihr? Stellt euch vernünftig zu zweit auf!", rufe ich ihnen schon von Weitem zu und ernte dafür von einem der Raufbolde nur einen abschätzigen Blick und den lapidaren Kommentar: „Wer bist du denn?"

Vorwort

Mein immer noch freundliches „Ich bin Frau Adler, die neue Vertretungskraft" wird mit einem lauten „Öööhhh" kommentiert, was ich gekonnt ignoriere – fällt mir doch in diesem Moment auch siedend heiß ein, dass ich weder weiß, wo der Turnhallenschlüssel ist, noch wo ich selbst auf die Schnelle Sportsachen, zumindest Turnschuhe herbekommen soll …

In der zweiten Stunde steht dann Mathe in der Vierten auf dem Plan; auf dem Flur erhalte ich im Vorbeigehen ein Schulterklopfen eines Kollegen („Oh, in die 4b? Na dann, viel Glück …").

„Was soll das denn heißen?", denke ich entrüstet und betrete hocherhobenen Hauptes den Klassenraum, um mich direkt in letzter Sekunde wieder zu ducken, worauf der nasse Schwamm direkt über mir mit einem lauten Schmatzer an die Tafel klatscht.

„Was willst du denn hier, wir haben jetzt Frau Held!", begrüßt mich ein vorwitziger, 1,20 m großer Basecapträger und fügt direkt hinzu: „Ach so, bist du so 'ne Vertretungskraft?" Und zu seinen Mitschülern gewandt: „Ey, die ist gar keine richtige Lehrerin!" Klatsch, der nächste Schwamm. Es gelingt mir dann doch (schließlich bin ich sehr wohl „richtige" Lehrerin), die Meute irgendwie zur Ruhe und den Schwamm an seinen Platz unter der Tafel zu bringen und mit dem Unterricht zu beginnen. Mein Vorhaben, einen Sitzplan anzufertigen, scheitert allerdings daran, dass mir die Schüler ausschließlich Namen wie „Dieter Bohlen", „Beyoncé" oder „Spiderman" nennen und leider auf meine souveräne Reaktion, einfach darüber hinwegzusehen und die Schüler dann eben so anzureden, bei jedem Aufruf in minutenlanges, schallendes Gelächter ausbrechen.

Nun gut, dann eben keine Aufrufe mehr, nur noch Aufforderungen unter Androhung von Strafe bei Nichterfüllen („Ha, wir haben dich doch eh nur diese Stunde, ist doch egal, ob wir das dann machen oder nicht!") und Einzelarbeit. Ein Mein-Sohn-macht-so-was-nicht-Elternanruf, zwei Banknachbarn-den-Stuhl-weg-Zieher und drei Turnbeutel-Vergesser später verlasse ich erledigt das Schulgebäude.

© Nobert Höveler

Vorwort

Auf dem Parkplatz treffe ich die erkrankte Kollegin, die ihre Krankschreibung für die nächsten Tage vorbeibringt. Für meinen Bericht über den Verlauf des Vormittags ernte ich schließlich den spitzen Kommentar: „Ach ja? Bei mir machen die das nie … Dann hat ihnen der Unterricht wohl nicht gefallen."

© spass – Fotolia.com

Nun, zugegebenermaßen ist dieser Bericht ein wenig überspitzt dargestellt, aber er zeigt doch sehr deutlich, welche Schwierigkeiten im Vertretungslehreralltag auf einen zukommen können und welche speziellen Herausforderungen an einen gestellt werden.

Dennoch ist gerade die Zeit als Vertretungslehrer auch sehr lehrreich und intensiv, weil sie einem die Möglichkeit gibt, sehr schnell Einblicke in verschiedene Klassen und sogar Schulen zu bekommen und so später von den Erfahrungen zu profitieren.

Die Organisationshilfen und Tipps in diesem Buch helfen Ihnen, sich schnell im Vertretungslehreralltag und den wechselnden Schulsituationen zurechtzufinden – und auch spontan sinnvolle Vertretungsstunden ohne Stress zu halten. Denn eines ist sicher: **Auch Vertretungsunterricht kann Freude machen. Ganz bestimmt!**

* *Wir haben in diesem Ratgeber in ständigem Wechsel sowohl die weibliche als auch die männliche Form verwendet. Dabei ist es uns wichtig, dass sich immer alle Kolleginnen und Kollegen, alle Schülerinnen und Schüler, alle Hausmeisterinnen und Hausmeister etc. angesprochen fühlen.*

1 Vertretungslehrer werden – Vertretungslehrer sein

FAQs

Wie werde ich Vertretungslehrer?

Vertretungslehrer, pädagogischer Mitarbeiter, Feuerwehrkraft, Springer – es gibt von Bundesland zu Bundesland sehr unterschiedliche Regelungen der Vertretungstätigkeiten und -verträge sowie der Vertretungskonzepte. Auch die Zulassungsvoraussetzungen und Bewerbungsverfahren sind unterschiedlich geregelt.

Wenn Sie Interesse an einer Vertretungstätigkeit haben, erkundigen Sie sich für einen ersten Überblick am besten direkt bei den Bildungsportalen der jeweiligen Landesministerien. In NRW beispielsweise können offene Vertretungslehrerstellen über die Seite VERENA des Schulministeriums eingesehen werden. Diese und weitere nützliche Adressen finden Sie auf Seite 151.

Wer kann Vertretungsunterricht erteilen?

Jedes Bundesland hat eigene Regelungen, wer für eine Vertretungstätigkeit an Schulen infrage kommt. In NRW können z. B. folgende Personen Vertretungsunterricht erteilen:

- ***Lehrkräfte ohne Dauerbeschäftigung im Schuldienst***
- ***Lehrkräfte in der Beurlaubung***
- ***Pensionäre nach dem Ausscheiden aus dem Schuldienst und Hochschulabsolventen mit lehramtsbezogenem Abschluss, die für den Schuldienst geeignet sind***
- ***Studenten (insbesondere für ein Lehramtsstudium), die für den Schuldienst geeignet sind***
- ***Hochschulabsolventen ohne lehramtsbezogenen Abschluss, die für den Schuldienst geeignet sind***
- ***Personen mit abgeschlossener Berufsausbildung ohne Lehramtsbefähigung, die für den Schuldienst geeignet sind***
- ***Nebenberuflich tätige Personen ohne Lehramtsbefähigung, die für den Schuldienst geeignet sind***

Geeignet ist, wer über eine entsprechende Qualifikation für das ausgeschriebene Fach/die ausgeschriebenen Fächer verfügt. Darüber entscheiden die Schulleitungen und Schulaufsichtsbehörden.

Wenn Sie Interesse an einer Vertretungsstelle haben, erkundigen Sie sich bei den jeweils zuständigen Behörden nach den Einstellungsbedingungen und -verfahren (siehe Internettipps, S. 151–152).

Welche Chancen eröffnet mir die Arbeit als Vertretungslehrer?

Die Arbeit als Vertretungslehrer eröffnet viele Chancen. Insbesondere angehenden Lehrerinnen und Studentinnen des Lehramts kann man nur empfehlen, sich bereits frühzeitig auf eine Vertretungsstelle zu bewerben. In vielen Bundesländern ist es möglich, bereits studienbegleitend als Vertretungskraft zu unterrichten und so schon früh erste Erfahrungen im Unterrichten und erste Einblicke in die Institution Schule aus „Lehrersicht" zu bekommen: Bin ich eigentlich für den Lehrerberuf geeignet? Fühle ich mich wohl, wenn ich vor der Klasse stehe? Habe ich mich für die richtige Fächerkombination und die richtige Schulform entschieden? Wie komme ich mit den Kollegen zurecht? Gelingt mir die Organisation? Kann ich mit den Eltern umgehen und kann ich sie kompetent beraten?

Hinzu kommt, dass die praktischen Erfahrungen auch helfen, die theoretischen Seminare an der Universität leichter nachzuvollziehen. Didaktische Modelle lassen sich eben leichter verstehen, wenn man sie für sich mit Beispielen aus der Praxis belegen kann.

Die Vorteile erster Unterrichtserfahrungen für den Vorbereitungsdienst liegen auf der Hand und viele angehende Anwärter nutzen die Zeit zwischen Studienabschluss und Beginn des Vorbereitungsdienstes für eine Vertretungstätigkeit.

Aber auch „alten Hasen“ im Unterrichtsgeschehen können die meistens eher unbeliebten Vertretungsstunden Chancen bieten: Die zusätzliche Zeit in der Klasse lässt sich prima nutzen, um neue und aktuelle Themen zu behandeln, die Sie wichtig finden oder die die Schüler gerade besonders interessieren, für die der enge Lehrplan aber keinen Raum mehr lässt. Auch für zusätzliche Vertiefung und Exkurse eines Themas oder für die Erarbeitung neuer Methoden, wie z. B. Präsentationsformen, kleine Vorträge, szenische Interpretation o. Ä., sind Vertretungsstunden wunderbar geeignet.

Eine Vertretungstätigkeit …

- ***eröffnet die Möglichkeit, frühzeitig Erfahrungen im Unterrichten von Lerngruppen zu erhalten,***
- ***ist ideal zur persönlichen Orientierung in Hinblick auf eigene Berufserwartungen und Stellenprofile,***
- ***verbessert die Chance ausgebildeter Lehrkräfte auf Einstellung in ein Dauerbeschäftigungsverhältnis,***
- ***bietet die Möglichkeit, Wartezeiten finanziell zu überbrücken,***
- ***bietet manchmal sogar die Möglichkeit für einen dauerhaften Seiteneinstieg für Personen ohne Lehramtsabschluss.***

Wie flexibel muss ich für die Vertretungstätigkeit sein?

Auch das hängt vom jeweiligen Vertrag ab. Es gibt Verträge, die eine feste Wochenstundenzahl vorsehen, die auch fest im Stundenplan verankert ist. Beispielsweise sind Sie mit 10 Stunden pro Woche eingeplant, in denen Sie Förderunterricht erteilen, wenn niemand krank ist, und anderweitig vertreten. Oder Sie haben einen Vertretungsvertrag in einem Vertretungspool und unterrichten während des gesamten Schuljahres mit halber oder voller Stundenzahl.
Diese Verträge sind häufig mit mehr Schulwechseln verbunden, weil Sie jeweils da eingesetzt werden, wo längerfristig jemand erkrankt, in Mutterschutz o. Ä. ist.
Dann gibt es Verträge, die nur eine festgelegte Stundenzahl pro Schuljahr vorsehen, z. B. 200 Stunden pro Schuljahr, das entspricht in etwa 5 Stunden pro

Woche. Bei diesen Verträgen wird von Ihnen eine größere Flexibilität verlangt. Sie unterrichten in der Regel „auf Abruf“.

Erkrankt eine Lehrerin, erhalten Sie einen Anruf und müssen spätestens am übernächsten Tag die Vertretung übernehmen, möglichst aber noch am selben Tag. Erkrankt eine Lehrerin längerfristig oder geht sie in Mutterschutz bzw. nimmt Elternzeit, kann es sein, dass Sie plötzlich für einige Wochen oder Monate mit voller Stundenzahl (etwa 28 Stunden) unterrichten und Ihren Vertrag bereits zu Schuljahresbeginn erfüllt haben. Steht der Schule noch ein Budget zur Verfügung, können Sie einen Anschlussvertrag erhalten.

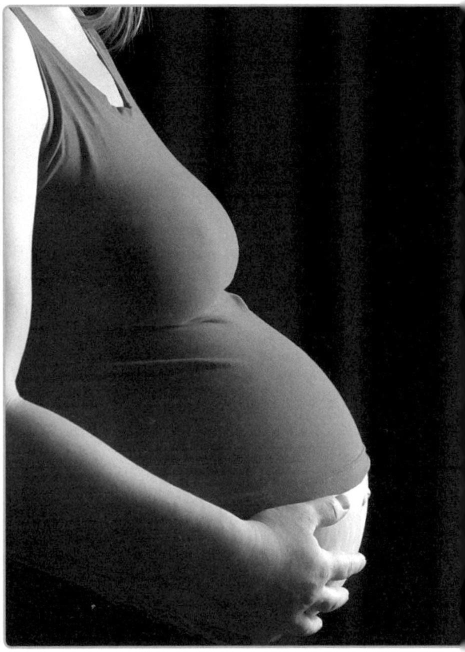

Muss ich bei längerer Vertretung auch die Rolle einer Klassenlehrerin übernehmen?

Ja, je nach Vertrag können auch Vertretungslehrer eine Zeit lang die Rolle einer Klassenlehrerin übernehmen. Dazu gehören dann auch zusätzliche Verpflichtungen – vom Getränkegeldeinsammeln bis zum Elterngespräch. Wenn Sie sich unsicher fühlen, weil Sie noch nicht über so viel Unterrichtserfahrung verfügen, sprechen Sie mit der Schulleiterin oder der Klassenlehrerin der Parallelklasse.

Was mache ich, wenn die Schüler mich nicht ernst nehmen?

Das ist eher die Ausnahme, kann aber natürlich vorkommen. Versuchen Sie, von vornherein so souverän wie möglich aufzutreten, und lassen Sie sich nicht auf Diskussionen, z. B. zum Thema Hausaufgaben, ein. Organisieren Sie sich gut. Falls es doch zu Problemen kommt, finden Sie im Kapitel „Disziplinprobleme lösen und vermeiden“ (S. 51ff.) ein paar Tipps. Wenn Sie noch im Studium sind, nutzen Sie die Vertretungstätigkeit auch, um Ihre Berufswahl zu überprüfen:

- ***Komme ich mit den Schülern gut zurecht?***
- ***Fühle ich mich wohl vor der Klasse?***
- ***Schaffe ich es, mich gut zu organisieren?***

Kann ich mir die Schule selbst aussuchen?

In manchen Fällen ja. Insbesondere selbstständige Schulen entscheiden in der Regel allein über ihr Personal und Sie bewerben sich direkt bei der Schule. Bei einer Bewerbung über zentrale Stellen können Sie zwar Wünsche äußern, aber Sie erhalten keine Garantie, dass sie berücksichtigt werden.

Muss ich alle Fächer unterrichten?

In der Regel ja. An größeren Schulen gibt es manchmal mehrere Vertretungslehrerinnen, die dann auch nach Begabung, Präferenzen oder studierten Fächern eingesetzt werden, oder die Schule hat ein bestimmtes Vertretungskonzept, das vorsieht, dass ein bestimmtes Fach oder bestimmte Förderstunden während der Vertretungszeit stattfinden.

Muss ich auch Noten geben?

Das hängt davon ab, wann und wie lange Sie in einem bestimmten Fach in einer bestimmten Klasse unterrichtet haben. Wenn Sie beispielsweise die letzten drei Monate direkt vor Zeugnisvergabe einer Klasse durchgehend Sportunterricht erteilt haben, ist es wahrscheinlicher, dass man Sie bezüglich der Notengebung einbezieht, als wenn Sie im März für zwei Wochen mal „eingesprungen" sind.

Muss ich an Konferenzen teilnehmen?

In der Regel nehmen Sie an Gesamtkonferenzen teil. Sollte es Ihnen freigestellt sein, sollten Sie diese Gelegenheit auf jeden Fall nutzen, um sich mehr ins Kollegium zu integrieren, um über Interna und Aktuelles informiert zu sein – oder um auch einfach nur mitzubekommen, wie eine Konferenz abläuft.

Ist es sinnvoll, einer Gewerkschaft beizutreten?

Einer Gewerkschaft beizutreten, kann auf jeden Fall sinnvoll sein, insbesondere für Vertretungslehrerinnen mit Zeitverträgen. Die Gewerkschaften bieten juristische Beratungen an und übernehmen in einem Rechtschutzfall auch Anwalts- und Gerichtskosten. Mit der Mitgliedschaft ist außerdem eine Berufshaftpflichtversicherung verbunden. Gewerkschaften bieten außerdem Fortbildungen zu verschiedenen Themen an (siehe auch S. 151).

2 Die ersten Tage in der Schule – Organisationshilfen für den Vertretungsalltag

Ihre Bewerbung war erfolgreich, der Vertrag ist unterschrieben und die erste Hürde ist bereits genommen. Herzlichen Glückwunsch! Nun gilt es, sich in der neuen Arbeitssituation möglichst schnell zurechtzufinden. Je nachdem, ob Sie als Vertretungslehrerin an einer Schule fest angestellt sind oder in einem Vertretungspool arbeiten, werden Sie häufiger oder eben weniger häufig die Schule wechseln.

© PRCreativeTeam – Fotolia.com

Mit ein wenig Glück hat der Schulleiter oder eine zukünftige Kollegin bereits am Vorstellungstag Zeit, Ihnen die Schule zu zeigen und Sie mit der schulinternen Klassen- und Unterrichtsorganisation vertraut zu machen.

Es kann aber auch vorkommen, dass Sie sehr spontan an einer neuen Schule eingesetzt werden und direkt Unterricht übernehmen müssen. Häufig fallen Kolleginnen sehr kurzfristig aus und meist geht dann in der Schule zunächst einiges „drunter und drüber“, sodass kaum jemand Zeit hat, Sie ausführlich einzuweisen. Eine schnelle Orientierung in der neuen Schule ist daher gerade für Vertretungslehrerinnen unabdingbar.

Folgende Strategien sollten Sie möglichst gleich bei Ihrem Vorstellungstag beherzigen, um sich selbst und vor allem auch den Schülern und Kollegen einen reibungslosen Einstieg Ihrerseits zu gewährleisten:

Das Schulgebäude

Verschaffen Sie sich möglichst frühzeitig einen Überblick über das Schulgebäude. Besorgen Sie sich dazu am besten im Sekretariat einen **Raumplan** und beantworten Sie für sich folgende Fragen (siehe auch Fragebogen auf S. 143):

- ***Wie sind die Klassenraumverteilungen im Schulgebäude gegliedert?***
- ***Wie viele Klassen jeder Schulstufe gibt es?***
- ***Liegen die einzelnen Jahrgänge jeweils in einem Trakt?***
- ***Welche Fachräume gibt es und wo befinden sich diese?***
- ***Sind die Räume während der Leerzeiten und Pausen abgeschlossen?***
- ***Erhalten Sie auch einen Schlüssel und wer händigt Ihnen diesen aus?***
- ***Hat die Schule eine Sporthalle auf dem Schulgelände oder fahren die Schüler zum Sportunterricht zu einer anderen Schule/dem städtischen Sportzentrum?***
- ***Wo steht der Kopierer?***
- ***Gibt es eine Schüler- und/oder eine Lehrerbibliothek?***
- ***Gibt es einen Raum mit Verbrauchsmaterial, wie Tonpapier, Bastelmaterial etc.?***
- ***Wo gibt es Kreide und Tafelschwämme (die in einigen Klassen grundsätzlich nicht vorhanden sind)?***
- ***Wo sind das Büro des Hausmeisters und das der Sekretärin?***
- ***Gibt es einen Computerraum?***
- ***An welchen Stellen im Schulgebäude befinden sich die Erste-Hilfe-Kästen? Das ist auch besonders wichtig, wenn Sie Pausenaufsichten übernehmen müssen.***

Machen Sie sich auch möglichst schnell mit den Benutzungsregeln der verschiedenen Räume bzw. des Verbrauchsmaterials vertraut. An manchen Schulen ist z. B. die Anzahl der Kopien pro Lehrer begrenzt und Sie bekommen einen Code, mit dem Sie den Kopierer bedienen können.

Die Kolleginnen und Kollegen

Besonders spannend an einer neuen Arbeitsstelle sind sicher immer die Kolleginnen. In Ihrem Fall sind sie auch besonders wichtig – schließlich sollen Sie sie im Krankheitsfall möglichst erfolgreich vertreten. Versuchen Sie daher möglichst bald, Kontakte zu knüpfen, und verschaffen Sie sich einen Überblick (siehe auch Vorlage S. 141 und S. 144):

- ***Wie viele Lehrerinnen arbeiten an Ihrer Schule?***
- ***Wer unterrichtet welche Fächer – und in welcher Klasse?***
- ***Gibt es Lehramtsanwärter?***
- ***Gibt es pädagogische Mitarbeiterinnen?***
- ***Wer ist der Hausmeister?***
- ***Wer ist die Sekretärin?***
- ***Gibt es Lehrerinnen mit besonderen Aufgaben, die für bestimmte Bereiche Ansprechpartner sind, z. B. Vertrauenslehrerin, Computerraum, Homepage usw.?***

Gehen Sie selbst mit gutem Beispiel voran und stellen sich den Kolleginnen vor. Vielleicht können Sie zum Einstand einen Kuchen mitbringen und sich in der großen Pause kurz allen vorstellen. Gerade in großen Kollegien bietet sich auch ein Aushang am Schwarzen Brett an. Eine mögliche Vorlage finden Sie auf Seite 138.

Viele Kollegien haben im Laufe der Jahre so ihre Eigenheiten entwickelt, die das Miteinander erleichtern, manchmal aber auch erschweren können, denn: Hier herrscht Fettnäpfchengefahr! Versuchen Sie, gut zu beobachten und sich auf diplomatischem Wege zu integrieren. Halten Sie sich jedoch aus Klatsch und Tratsch, insbesondere aus Lästereien über Kollegen, unbedingt heraus!

Regeln und Rituale

Auch mit den allgemeinen Schulregeln und -ritualen sollten Sie sich möglichst schnell vertraut machen:

- ***Wann sind die Pausenzeiten?***
- ***Wer hat wann Aufsicht (und müssen/dürfen Sie auch Aufsicht übernehmen)?***
- ***Wo dürfen sich die Schüler während der Pausenzeiten aufhalten?***
- ***Gibt es gemeinsame Frühstückspausen?***
- ***Gibt es fest im Stundenplan verankerte Rituale, wie z. B. Klassengottesdienste, Klassenrat oder ein „Freitagsforum" (gemeinsame Zeit am Freitagmittag, in der die Schüler sich in der Pausenhalle Arbeitsergebnisse der Woche, wie z. B. einstudierte Lieder, Theaterstücke oder Projektergebnisse, präsentieren) etc.?***
- ***Welche sonstigen Regeln gibt es?***

Das Schulprogramm

Eine gute Möglichkeit, sich schnell über den „Charakter" einer Schule, das heißt, über gemeinsame Regeln und Werte, besondere Förderkonzepte oder fachliche Schwerpunkte, z. B. frühes Fremdsprachenlernen oder naturwissenschaftliche Projektgruppen, zu informieren, ist das Schulprogramm. Dies ist mittlerweile für fast alle Schulen verbindlich und gibt Ihnen einen guten Überblick über die Schule.

Mittlerweile hat fast jede Schule eine eigene Schulinternetseite. Dort können Sie sich bereits im Vorfeld über die Schule, das Schulprogramm und besondere Schwerpunkte der Arbeit informieren. Oft gibt es dort auch eine Rubrik mit aktuellen Terminen.

Die Klassen

Gleiches gilt auch für Regeln und Rituale in den einzelnen Klassen. Sich mit diesen vertraut zu machen, ist oft schwierig, da an vielen Schulen jede Klasse eigene Regeln und Rituale hat, die jeweils von der Klassenlehrerin eingeführt wurden und selten schriftlich irgendwo vermerkt sind.

Das kann z. B. das tägliche Morgengebet oder das gemeinsame Abschiedslied sein, der Einsatz von bestimmten, stummen Impulsen, Belohnungssystemen, die Regelung von Toilettengängen, Geburtstagsfeiern oder die Arbeit mit Signalkarten. Insbesondere wenn die Klassenlehrerin ausfällt, ist es oft eine Herausforderung, die Klasse kurzfristig mit den jeweiligen Regeln und Ritualen weiterzuführen.

Befragen Sie, wenn möglich, die Klassenlehrerin (siehe Fragebogen auf S. 141), und schauen Sie sich im Klassenraum um:

- ***Gibt es einen Plan mit Ämtern und Diensten, z. B. Austeildienst, Kakaodienst, Blumendienst ...?***
- ***Schauen Sie im Klassenbuch oder auf dem Pult nach. Manchmal finden sich dort Listen, wie Pausengetränkebestellungen.***
- ***Finden Sie heraus, welche Fachlehrer in der Klasse unterrichten, und befragen Sie diese.***
- ***Fragen Sie die Schüler, welche Rituale ihnen wichtig sind und fortgeführt werden sollten.***

Sich über die Rituale in einer Klasse zu informieren, ist auch deshalb wichtig, weil es sonst zu Verwirrung in der Klasse führen kann.

Eine Kollegin erzählte z. B. folgende Anekdote:

„In meiner neuen Klasse, in der ich als Vertretungslehrerin tätig war, gab es auf dem Boden des Klassenraums große Klebepunkte: einen gelben und einen roten. Über die hatte ich mir zunächst wenig Gedanken gemacht, bis ich irgendwann bemerkte, dass die Schüler seltsam reagierten, wenn ich mich in die Nähe eines Punktes oder gar mitten drauf bewegte. Eines Tages fragte mich schließlich eine mutige Schülerin: „Frau Herrmann, warum stehen Sie denn jetzt auf dem roten Punkt, wir haben doch gar nichts gemacht."

Das war der Aha-Effekt – die Punkte hatten eine Bedeutung. Das war mir bis dahin nicht klar – und den Schülern nicht, dass ich davon keine Ahnung hatte. Kurz entschlossen, klärten sie mich auf: Stehen auf dem roten Punkt bedeutete Ärger, Stehen auf dem gelben, dass nun etwas Wichtiges folgt, bei dem alle Schüler aufmerksam zuhören sollten. Ich führte das Ritual weiter und siehe da: Es funktionierte wunderbar."

Informieren Sie sich, wenn möglich frühzeitig, über die einzelnen Klassen der Schule. Folgende **Aspekte** sollten Sie dabei berücksichtigen:

- ***Wer ist die Klassenlehrerin?***
- ***Welche Fachlehrerinnen unterrichten in der Klasse welche Fächer?***
- ***Wie viele Schüler sind in der Klasse?***
- ***Welche fest etablierten Unterrichtsmethoden gibt es? Wird z. B. mit einem Wochenplan gearbeitet oder gibt es feste Freiarbeitsphasen?***

Erkundigen Sie sich auch bei der Klassenlehrerin einer Parallelklasse. Dort wird oft ähnlich gearbeitet.

© Nobert Höveler

Die Schüler und Schülerinnen

„Ich unterrichte keine Fächer, sondern Schüler“ ist ein oft gehörter Satz unter Lehrern. Und natürlich geht es in erster Linie um die Gegenwart und Zukunft der jungen Menschen, um Individualität, Selbstständigkeit, soziales Miteinander, bestmögliche Lernchancen für jeden einzelnen Schüler. Eine ganz schön verantwortungsvolle Aufgabe!

Je besser Sie die Schüler kennen, desto leichter wird es für Sie, diese Herausforderung zu meistern. Versuchen Sie also möglichst schnell, mit den Schülern ins Gespräch zu kommen. Nutzen Sie freie Zeit zum Hospitieren oder um einzelne Schüler speziell zu fördern. Erkundigen Sie sich auch bei den Kolleginnen über besondere Situationen, wie z. B. Krankheiten, Behinderungen, schwierige Familiensituationen. Oft hat es seine ganz spezifische Ursache, wenn ein Kind regelmäßig aggressiv wird oder völlig in sich gekehrt dasitzt. Je besser Sie darüber Bescheid wissen, desto einfacher ist es für Sie und den Schüler, damit umzugehen.

Besorgen Sie sich von jeder Klasse, in der Sie unterrichten, eine Liste mit den Namen der Schüler. Informieren Sie sich außerdem bei Kolleginnen, wo Sie im Falle eines Notfalls die Telefonnummern der Eltern oder die Adressen finden können. An manchen Schulen gibt es sogenannte „Taxi-“ oder „Buskinder“. Dann ist es besonders wichtig, darauf zu achten, dass der Unterricht pünktlich endet.

Die Eltern

Bestimmt wird es auch neugierige Eltern geben, die Sie entweder aus der Entfernung mal begutachten wollen oder aber direkt mit Ihnen ins Gespräch kommen möchten. Lassen Sie sich dabei auf keinen Fall auf Gespräche über die von Ihnen vertretene Kollegin ein. Wenn Gesprächsbedarf da ist, sollten Sie mit den entsprechenden Eltern einen Termin vereinbaren. Machen Sie den Eltern klar, dass Sie während der Schulzeit für die Kinder da sind.

Sie sollten sich auch vorab bei den Kolleginnen informieren, ob es eventuell schwierige Eltern gibt, sodass Sie sich darauf einstellen können.

Das Klassenbuch

Je nach Bundesland werden die Klassenbücher unterschiedlich benannt, es gibt Klassenbücher, Wochenbücher usw. In der Regel wird jedoch in jeder Klasse eines dieser Bücher geführt. Darin befinden sich folgende wichtige Informationen:

- ***eine Klassenliste mit Namen der Schüler. In manchen Klassenbüchern finden Sie zudem die Anschriften und Telefonnummern der Eltern.***
- ***Einträge der Klassen- und Fachlehrer (i. d. R. im Format einer Wochenübersicht), anhand derer Sie schnell ersehen können, welche Themen in welchem Fach gerade behandelt werden.***
- ***der aktuelle Stundenplan der Klasse.***
- ***Planungslisten: Sind die Klassenbücher gut geführt, sehen Sie darin auch Planungslisten für die Unterrichtsinhalte der nächsten Wochen, Termine für Klassenarbeiten, Lernzielkontrollen oder besondere Ereignisse, wie Schulfeste, Schulzahnarztbesuche u. Ä.***

Zudem werden fehlende Schüler in der Regel in das Klassenbuch eingetragen, häufig mit einem „e“ für „entschuldigt“ oder „u“ für „unentschuldigt“.

Mit dem Klassenbuch können Sie sich also schnell einen Überblick über die derzeitige Klassensituation verschaffen. Zugleich wird, je nach Vertrag, jedoch auch von Ihnen erwartet, dass Sie das Klassenbuch weiterführen, insbesondere wenn die Klassenlehrerin längerfristig abwesend ist und Sie die Klasse für diese Zeit übernehmen. Sprechen Sie mit Ihrer Schulleiterin ab, ob und wie Sie das Klassenbuch weiterführen sollen.

Wenn Sie direkt zu Schuljahresbeginn einsteigen, fragen Sie Kolleginnen, ob sie vielleicht wissen, wie der aktuelle Kenntnisstand in den zu unterrichtenden Fächern ist. So könnten Sie im Unterricht daran anknüpfen.

Die Unterrichtsinhalte

Wenn Sie all die Aspekte und Fragen aus diesem Kapitel für sich beantwortet haben, sind Sie bereits einen ganzen Schritt weiter.

Sie wissen, wo sich die wesentlichen Räume und Dinge in der Schule befinden, wie die Organisation abläuft und welche Ansprechpartner Sie zur Verfügung haben. Die äußeren Rahmenbedingungen sind damit gegeben. Nun fehlt nur noch der Blick auf das Eigentliche: den Unterricht.

In vielen Bundesländern gilt mittlerweile die Regel, dass zu vertretende Lehrer und Lehrerinnen verpflichtet sind – soweit dies zumutbar ist – sicherzustellen, dass die für den ordnungsgemäßen Vertretungsunterricht erforderlichen Unterlagen und Informationen zur Verfügung stehen. Tatsache ist aber, dass diese Regelung nicht konsequent umgesetzt wird.

Einige Klassenlehrerinnen haben in ihrem Raum ein gut sortiertes Ablagesystem, in dem zumindest die für die Woche vorgesehenen Arbeitsblätter bereits in Klassensätzen und nach Tagen geordnet hinterlegt sind.

Ist die Abwesenheit im Voraus geplant, z. B. bei Klassenausflügen, Sportfesten oder Einschulungstests, werden Sie in der Regel auch konkrete Anweisungen der Klassenlehrerin bzw. der abwesenden Lehrerin bekommen, welche Inhalte Sie in der Zeit unterrichten sollen.

An einigen Schulen ist auch ein gut funktioniertes Vertretungssystem etabliert, bei dem jeder Schüler einen Ordner mit Material hat, der von der Klassenlehrerin regelmäßig ergänzt wird. In den Vertretungsstunden bearbeiten die Schüler dann selbstständig das Material, während Sie einzelne Schüler unterstützen.

In diesen Fällen sind Ihnen die konkreten Unterrichtsinhalte bereits vorgegeben. Vielleicht schaffen Sie es ja auch nach einiger Zeit, diese Anregungen in Ihrem neuen Kollegium zu etablieren?

Die Realität sieht allerdings häufig anders aus: Meist müssen Sie sehr spontan einspringen und Ihre Stunden und das Unterrichtsmaterial selbst organisieren. Dazu können Sie auch die entsprechenden Vorlagen auf S. 145–147 nutzen. Sie sollten sich möglichst frühzeitig mit den Unterrichtsinhalten der jeweiligen Klassenstufen auseinandersetzen. Nutzen Sie dazu folgende **Möglichkeiten**:

Der Themenplan

An vielen Schulen gibt es für jedes Fach einen Themenplan (manchmal auch Stoffverteilungsplan genannt), in dem festgelegt ist, in welchen Schulwochen welches Thema in welcher Klassenstufe geplant ist. Das gibt Ihnen die Möglichkeit, sich bereits im Vorfeld mit den Themen auseinanderzusetzen und entsprechendes Material zu sammeln.

Lehrer von Parallelklassen befragen

Nicht selten arbeiten die Klassen- und Fachlehrer einer Klassenstufe parallel, d.h., dass in den Klassen etwa zeitgleich dieselben Themen behandelt werden und das Material untereinander ausgetauscht wird. In diesem Fall können Sie sich ganz einfach an die jeweilige Parallellehrerin wenden.

Die Schulbücher

Natürlich geben auch die Schulbücher einen Anhaltspunkt, welche Themen in der jeweiligen Klasse behandelt werden. Fragen Sie bereits in den ersten Tagen, ob in der Bibliothek noch Schüler- und Lehrerexemplare zur Verfügung stehen, die Sie sich ausleihen oder kopieren können.

Das Unterrichtsmaterial

Gerade wenn Sie noch nicht über besonders viel Unterrichtserfahrung verfügen, haben Sie meist auch noch einen sehr überschaubaren Materialfundus.

Schauen Sie sich zunächst in der **Lehrerbibliothek** um: Hier finden Sie sicher eine Menge Materialien. Nicht immer sind die Lehrerbibliotheken jedoch auch gut sortiert: Das Material ist oft veraltet und kaum jemand hat Zeit, das Angebot auch wirklich auf dem neuesten Stand zu halten und nach Fächern, Themen und Aktualität zu sortieren.

Viele Anregungen, auch für kurzfristige Stunden, finden Sie dagegen in Fachzeitschriften (siehe Literatur- und Internettipps, S. 152). In der Regel hat jede Schule mindestens ein Abonnement und die Zeitschriften liegen im Lehrerzimmer aus. Unter Umständen sollten Sie auch ein eigenes Abonnement in Erwägung ziehen.

Pädagogisches Material und konkrete Unterrichtsmaterialien zu (fast) jedem Thema bieten Ihnen pädagogische Fachverlage. Oft erhalten Sie hier schöne Ideen, wertvolle Tipps und Kopiervorlagen zum sofortigen Einsatz. Es lohnt sich, in das ein oder andere Buch zu investieren.

Nicht zuletzt steht Ihnen natürlich auch eine große Menge an Material im Internet zur Verfügung. Das Angebot ist mittlerweile unüberschaubar geworden. Es gibt einige gute Seiten (siehe Literatur- und Internettipps, S. 152), wo Sie zum Teil auch kostenlos Material herunterladen können. Allerdings sollten Sie das Material aus dem Internet genau überprüfen. Häufig enthält es Fehler oder ist didaktisch nicht sinnvoll. Fragen Sie auch Ihre Kolleginnen, die Ihnen sicher gerne einmal mit der einen oder anderen Idee oder einem Arbeitsblatt aushelfen.

Im Laufe der Zeit sollten Sie sich einen eigenen Materialfundus zulegen, sodass Sie stets „aus dem Vollen" schöpfen können. Allerdings gilt auch hier: Weniger ist oft mehr. Lehrer sind von Natur aus „Jäger und Sammler" und der eigene Fundus wächst oft schneller, als einem lieb ist. Gewöhnen Sie sich an, nur die Materialien aufzubewahren, die sich auch wirklich bewährt haben. Investieren Sie dafür mehr Zeit darin, das wenige Material nach Fächern und Themen gut zu sortieren und so stets griffbereit zu haben. Kein Mensch braucht bereits 30-fach kopierte (und somit kaum mehr lesbare) Arbeitsblätter mit Mandalas oder Lesetexte in alter Rechtschreibung, wie sie auch heute noch, einige Jahre nach der Rechtschreibreform, in den Schulen kursieren.

Gehen Sie selbst offenherzig mit Ihren Unterrichtsideen um und stellen Sie sie den Kolleginnen zur Verfügung – dann werden auch die Kolleginnen gerne bereit sein, Ihnen mit dem einen oder anderen Arbeitsblatt auszuhelfen.

Jedes Jahr im Februar/März findet die Pädagogik-Messe Didacta statt, jeweils im Wechsel in Köln, Hannover und Stuttgart. Dort stellen alle wichtigen Fachverlage und -händler aus – eine gute Gelegenheit, ein bisschen in den Materialien zu stöbern. Und manchmal erwischt man auch das ein oder andere Schnäppchen! Mehr Infos gibt es unter: ***www.didacta.de***

Mysterium Lehrertasche

Für viele Außenstehende ist sie ein Mysterium: die stets bis zum Rand gefüllte Lehrertasche. Egal ob Schweinsledertasche aus den 70er-Jahren oder sportlicher Rucksack – folgende **Dinge** sollten Sie immer dabeihaben, um auch spontan und kurzfristig guten und reibungslos verlaufenden Unterricht halten zu können:

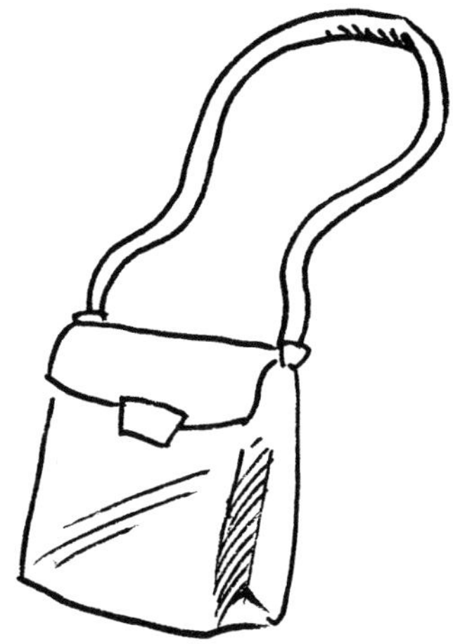

- ***Anspitzer***
- ***Bleistifte***
- ***Kreide, weiß und bunt***
- ***Entspannungsmusik***
- ***einige Zahlenwürfel***
- ***Folien***
- ***Füller***
- ***Ihr Pausenbrot!***
- ***Klangstab oder Glocke***
- ***Klebstoff***
- ***kleine Preise (Aufkleber, Sammelkarten o. Ä.)***
- ***Kugelschreiber***
- ***Ordner mit verschiedenen Arbeitsblättern, Ihrem Organisationsplan, dem Raumplan, den Stundenplänen und den Klassenlisten der einzelnen Klassen***
- ***Radiergummi***
- ***Schere***
- ***Klebeband***
- ***verschiedenfarbige Folienstifte, wasserfest und wasserlöslich***
- ***Vorlesebuch mit Geschichten für verschiedene Altersstufen***
- ***weißes Schreibpapier***

Wenn dann noch Platz ist, sollten Sie optional noch folgende Dinge stets dabeihaben:

- ***Büroklammern***
- ***Schulhefte***
- ***Tacker und Tackernadeln***
- ***Taschentücher***
- ***ein paar Blankovorlagen mit Urkunden (als Prämie für die spannendste Geschichte, den hilfsbereitesten Schüler usw.)***

Wer kennt sie nicht – die aus allen Nähten platzende Schultasche? Nicht alles, was Sie benötigen, müssen Sie täglich hin- und herschleppen. Fragen Sie die Schulleiterin nach einem Ablagefach im Lehrerzimmer, wo Sie einige Ihrer persönlichen Sachen unterbringen können. Dort wird auch die Post für Sie hinterlegt. Aber: Auch Ihr Fach spiegelt Ihre Organisation wider. Legen Sie dort nur ab, was wichtig ist und wirklich benötigt wird.

3

Erfolgreich vertreten – Tipps und Tricks für den Unterricht

Die ersten Hürden sind genommen, die erste Organisation geschafft. Sie haben sich einen Überblick verschafft, finden sich für den Anfang zurecht, haben vielleicht schon erste Kontakte zu den Kolleginnen geknüpft. Nun fehlt nur noch das Wesentliche: der Unterricht. Je nachdem, wie spontan Sie eingesetzt werden, haben Sie Zeit, die Stunden ein wenig vorzubereiten (siehe auch S. 145–147), oder Sie müssen spontane Stunden aus dem Handgelenk halten. Dabei sollen Ihnen folgende Tipps helfen:

Methoden und Sozialformen

Ihr erster Vertretungstag steht bevor. Sie haben von der Schulleiterin bereits zwei Tage zuvor alle Informationen erhalten und planen nun Ihre Stunden. **1. Stunde – 2. Klasse – Sachunterricht – der Igel:** Aufwärmen mit einem Lied, dann zum Einstieg ein Quiz in Partnerarbeit und anschließend ein Lernbüfett mit verschiedenen differenzierten Angeboten, zum Abschluss dann ein Blitzlicht-Reflexionsgespräch – das klingt nach einer spannenden, methoden- und abwechslungsreichen Stunde. Und gerade wenn Sie noch nicht viel Unterrichtserfahrung haben, vielleicht sogar momentan die Zeit bis zum Referendariat überbrücken, ist der Vertretungsunterricht natürlich auch für Sie eine gute Chance, einige neue Formen und Methoden auszuprobieren. Dennoch: Das Einführen und Etablieren von verschiedenen Methoden und Sozialformen erfordert Zeit. Ihre didaktisch durchdachten und methodisch gut aufbereiteten Stunden können daran scheitern, dass die Schüler die erforderlichen Sozialformen noch nicht oder in anderer Form kennen, als Sie sie geplant haben. Das bedeutet nicht, dass Sie in den Vertretungsstunden ausschließlich „Frontalunterricht“ erteilen sollen. Aber es gilt oft: Weniger ist mehr. Ein, zwei Methoden- oder Sozialformwechsel, die dafür gut geplant und genau durchdacht sind, garantieren Ihnen eher eine erfolgreiche Stunde als eine mit Wechseln überfrachtete. Und nichts ist ärgerlicher, als wenn eine gut geplante Stunde misslingt, weil die Methodenwechsel zu Unruhe und Durcheinander führen.

Wenn möglich, empfiehlt sich natürlich immer ein persönliches Gespräch mit der Klassenlehrerin, mit welchen Sozialformen und Methoden die Klasse bereits vertraut ist. Hat die Klasse bereits einmal die Klassenlehrerin gewechselt, können Sie auch die vorige Klassenlehrerin fragen.

Im Folgenden finden Sie ein paar Tricks und Kniffe, um u. a. die Methodenübergänge ohne Chaos zu gestalten:

Gruppen einteilen

© Syda Productions – Fotolia.com

In fremden Klassen wird es Ihnen nur schwer möglich sein, die Gruppen nach Leistungsstand der einzelnen Schüler einzuteilen. Es kann Ihnen also passieren, dass Sie einige sehr schwache Gruppen haben, dafür andere sehr starke – das sollten Sie bei Ihrer Planung berücksichtigen. Günstig ist es, wenn die Schüler bereits an Gruppentischen sitzen. In den meisten Fällen sind sie dann bereits mit Gruppenarbeit vertraut und arbeiten tischweise. Es empfiehlt sich also, wenn möglich, zuvor einen Blick in den Klassenraum zu werfen.

Wenn Sie die Klasse nach dem Zufallsprinzip in Gruppen einteilen möchten, gibt es z. B. folgende Möglichkeit:

Quartettspiel

Teilen Sie an jeden Schüler eine Quartettkarte aus (oder eine normale Spielkarte) und legen Sie vorher fest, wo (an welchen Tischen) welches Quartettmotiv arbeiten soll. Alle Schüler eines Quartetts finden sich dann an dem jeweiligen Tisch zusammen. Wenn Sie 3er-Gruppen bevorzugen, nehmen Sie jeweils eine Karte heraus.

Anstelle eines Quartetts können Sie auch andere kleine Gegenstände verwenden, z. B. Spielfiguren, Steinchen, Murmeln usw., die dann verschiedene Farben oder Größen haben. Damit können Sie die Gruppengröße noch stärker variieren.

Einen Stuhlkreis bilden

Wenn in der Klasse genug Platz ist, sollten Sie die Chance nutzen, auch ab und zu einen Stuhlkreis zu bilden. Das bietet sich immer dann an, wenn Sie ein gemeinsames Gespräch führen möchten, ein Kreisspiel spielen oder die Stunde mit einer gemeinsamen Reflexionsrunde ausklingen lassen wollen. Damit nicht alle Schüler gleichzeitig in den Kreis drängeln, wenden Sie folgenden Trick an:

Antippen

Die Schüler legen auf ihrem Platz den Kopf, auf die Arme gestützt, auf den Tisch und schließen die Augen. Sie gehen herum und tippen nach und nach die Schüler vorsichtig an. Wer angetippt wurde, darf seinen Stuhl vor dem Körper tragen und sich in den Kreis begeben. Diese Übung schult zugleich auch die Wahrnehmung und ist bei den Schülern sehr beliebt.

In einigen Klassenräumen gibt es auch fest eingerichtete Stuhlkreise (meist in Form von kleinen Bänken) oder einen im Klassenraum ausgehängten Plan, der festlegt, in welcher Reihenfolge die Schüler in den Stuhlkreis gehen.

Wenn Sie längere Zeit in einer Klasse unterrichten und der Platz nur begrenzt ist, besorgen Sie sich Teppichfliesen in der Anzahl der Klassenstärke. Diese kann man sich auch aus günstigen Teppichresten aus dem Baumarkt selbst zuschneiden. Mit den Teppichfliesen sitzen die Schüler dann auf dem Boden, das braucht weniger Platz und macht weniger Unruhe als mit Stühlen.

Wenn die Schüler Materialien mit in den Kreis nehmen sollen, um beispielsweise eine fertige Arbeit zu präsentieren, achten Sie darauf, dass alle anderen Schüler ihre Sachen unter ihren Stuhl legen. So vermeiden Sie Ablenkung durch ständiges Knistern, Blättern oder Herunterfallen der Materialien.

Im Stuhlkreis ist es leicht, Disziplinproblemen vorzubeugen: Tauschen Sie einfach die Plätze. Setzen Sie Schüler, die nicht konzentriert bei der Sache sind, einfach um: neben sich selbst, Ihnen direkt gegenüber oder so, dass sie untereinander keinen direkten Blickkontakt mehr haben.

Akustische Signale

Nutzen Sie akustische Signale, um Ihren Unterricht zu strukturieren. Besorgen Sie sich z. B. einen Klangstab, eine Glocke oder einen Regenmacher und vereinbaren Sie vorher mit den Schülern die Funktion, z. B. dass die Arbeitsphase beendet ist, wenn geläutet wird, oder dass der Klangstab nur dann erklingt, wenn es zu laut wird. Alternativ können Sie auch in kreativen Arbeitsphasen (Einzelarbeit) leise Musik laufen lassen. In den meisten Klassen ist ein CD-Player vorhanden. Sie werden sehen, wie schnell die Schüler zur Ruhe kommen und konzentriert arbeiten. Stoppt die Musik, ist die Arbeitsphase beendet.

Differenzierte Angebote

Wenn Sie Zeit haben, die Vertretungsstunde vorzubereiten, versuchen Sie, auch differenzierte Angebote bereitzustellen. Besonders in fremden Klassen kennen Sie den Leistungsstand der Klasse nicht. Sind die Aufgaben zu schwierig, wird die Klasse schnell unruhig; sind sie zu leicht, sind die Schüler sehr schnell fertig. Stellen Sie z. B. Tippkarten mit Ideen oder Lösungshilfen bereit und überlegen Sie sich Zusatzangebote für leistungsstarke Schüler.

„Ich bin fertig, was soll ich jetzt machen?“

Gerade in den unteren Klassenstufen sowie im Fach Mathematik oder in sehr leistungsheterogenen Klassen werden Sie immer wieder erleben, dass einige Schüler sehr schnell mit ihren Aufgaben fertig sind, während andere gerade mal ihren Bleistift zur Hand genommen haben.

Zum Problem wird es immer dann, wenn es in der Klasse keine Regelungen gibt, woran die Schüler arbeiten, wenn sie schneller als die anderen fertig sind, wie z. B. Lesen im Pultbuch, Arbeiten am Wochenplan, Helfersystem o. Ä. Sie sollten daher in Ihrem Ordner, den Sie immer dabeihaben, auch Zusatzmaterial für schnell arbeitende Schüler haben. Das können sein:

- **Rätsel**
- **Knobelaufgaben**
- **Lesetexte**
- **Mandalas**

Hinweise hierzu finden Sie auch in den Literatur- und Internettipps (S. 152).

© mbt_studio – Fotolia.com

Gut ist es, wenn die Aufgaben die Möglichkeit der Selbstkontrolle bieten. Wählen Sie Aufgaben mit verschiedenen Schwierigkeitsstufen, damit die Aufgaben für alle lösbar sind.

Legen Sie sie in einem bestimmten Bereich im Klassenraum aus und kündigen Sie sie bereits im Vorfeld an. Es erzeugt Unruhe, wenn jeder Schüler einzeln fragt, was er jetzt machen soll!

Arbeitsblätter auswählen

In vielen Vertretungsstunden wird mit Arbeitsblättern gearbeitet. Das kann bereichernd sein, unter Umständen aber auch unsinnig. Wenn Sie Arbeitsblätter auswählen, achten Sie auf folgende Kriterien:

- ***klare Struktur***
- ***Leistungsstand der Klasse berücksichtigen***
- ***übersichtliche, selbsterklärende Aufgaben***
- ***Wichtiges sollte hervorgehoben sein***
- ***sinnvolles Verhältnis der Illustrationen zum Inhalt***

Im Optimalfall enthalten sie differenzierte Aufgabenstellungen, z. B. eine Zusatzaufgabe für Tüftler o. Ä., und die Möglichkeit zur Selbstkontrolle.

Legen Sie sich nach und nach einen Fundus mit geeigneten Arbeitsblättern für Vertretungsstunden an. Archivieren Sie, was sich bewährt hat. Wenn Sie mit

Arbeitsblättern arbeiten, sorgen Sie dafür, dass Sie immer ausreichend Kopien dabeihaben. Machen Sie im Zweifelsfall lieber ein paar Kopien mehr.
Zu wenig Arbeitsmaterial erzeugt Unruhe.

„Hilfe, die Klasse ist jahrgangsübergreifend!"

Viele Schulen haben in den letzten beiden Schuljahren ihre Schuleingangsstufe reformiert und unterrichten die ersten beiden Schuljahre jahrgangsübergreifend. Der Unterricht ist in diesen Klassen sehr individualisiert und ritualisiert.
Die Schüler arbeiten von Beginn an sehr selbstständig und sind sehr offene Unterrichtsformen gewöhnt. Es ist toll, zu sehen, wie selbstbewusst die Schüler an ihre Arbeiten herangehen, welche Sozialkompetenzen sie bereits entwickelt haben und welche Verantwortung die meisten schon für ihr eigenes Lernen übernehmen.

Diese Klassen sind oft von Beginn an sehr eingespielt – zumal zu jedem Schuljahreswechsel nur einige Schüler die Klasse verlassen und nur wenige neue hinzukommen, die schnell integriert werden.

Gerade in diesen Klassen ist es besonders wichtig, dass der Unterricht auch in Vertretungsstunden so weitergeführt wird, wie die Schüler ihn gewohnt sind. In einer Klasse, die ausschließlich offene Formen gewohnt ist, wird Frontalunterricht ebenso wenig funktionieren, wie Freiarbeit in einer sehr restriktiv geführten Klasse.

Wenn Sie an einer Schule mit jahrgangsübergreifenden Klassen als Vertretungskraft angestellt sind, nutzen Sie möglichst frühzeitig die Chance – also bevor Sie vertreten müssen –, in diesen Klassen zu hospitieren und sich das individuelle Förderkonzept erklären zu lassen.

Hausaufgaben

Gerade wenn Sie längerfristig in einer Klasse vertreten, geben Sie auch Hausaufgaben auf. Wenn Sie sich unsicher sind, was und wie viel Sie aufgeben können, bitten Sie die Kolleginnen um Rat. Die Hausaufgaben sollten aus dem erarbeiteten Unterrichtsstoff hervorgehen und eine Übung und Vertiefung sein.

Wenn Sie nur spontan einzelne Vertretungsstunden geben, sind Hausaufgaben nicht unbedingt vonnöten – in jedem Fall sollten Sie nur dann welche aufgeben, wenn der Zusammenhang zwischen Unterrichtsstunde und Hausaufgaben und auch die Möglichkeit einer Kontrolle bzw. Präsentation gegeben ist. Es ist gerade für jüngere Schüler unbefriedigend, wenn sie die mühsam angefertigten Hausaufgaben nicht präsentieren können – und auf der anderen Seite werden einige sie auch nicht mehr anfertigen, wenn sie „ja eh nicht kontrolliert werden".

Sprechen Sie sich bei Hausaufgaben auch mit den Kolleginnen ab, z. B. wenn eine Klassenarbeit ansteht – so können Sie gewährleisten, dass die Quantität der Aufgaben in etwa gleich bleibt. Am einfachsten ist es, wenn jede Lehrerin nach der Stunde ihre Hausaufgaben an eine bestimmte Stelle der Tafel bzw. ins Klassenbuch schreibt – so sieht man z. B. in der fünften Stunde, wie viel die Schüler bereits zu Hause erledigen müssen. Wenn feststeht, dass Sie am folgenden Tag oder in der nächsten Zeit nicht in der Klasse unterrichten werden und somit auch die Hausaufgaben der Kinder nicht überprüfen können, können Sie auch einen Zettel mit einem entsprechenden Hinweis auf die Hausaufgabe auf dem Lehrerpult hinterlassen.

An manchen Schulen werden freitags keine Aufgaben gegeben oder Geburtstagskinder haben hausaufgabenfrei. Fragen Sie danach!

Namen merken

„Du da, mit dem roten T-Shirt!" – Schüler nicht mit Namen ansprechen zu können, ist auch in Vertretungsstunden nicht angemessen. Die Schüler fühlen sich nicht ernst genommen – oder nehmen Sie nicht ernst. Versuchen Sie, sich die Namen möglichst schnell einzuprägen, oder wenden Sie kleine Tricks an:

Das Namensschild

Die Schüler basteln ein Namensschild. Nachteilig ist, dass das Basteln gerade in unteren Klassen häufig lange dauert und die Stunde dann schon fast vorbei ist. Hinzu kommt, dass die Schüler in manchen Stunden nicht die ganze Zeit an ihrem Platz sitzen – in Sportstunden oder bei Gruppenarbeiten nützt das Schild nichts.

Der klassische Sitzplan

Der klassische Sitzplan ist schnell angefertigt – zeichnen Sie die Sitzordnung auf ein Blatt Papier und tragen Sie die Namen ein – solange jeder Schüler an seinem Platz bleibt, ist das völlig ausreichend.

Etiketten oder Kreppband

Schreiben Sie die Namen auf Etiketten oder Kreppband. Die Schüler heften sich die kleinen Namensschildchen gut sichtbar an die Kleidung.

Heft- oder Ranzenbeschriftung

Wenn Sie die Schüler beeindrucken möchten, greifen Sie zu einem kleinen Trick: Die meisten Schüler haben beschriftete Schulranzen, Etuis oder Hefte. Erspähen Sie die Namen und sprechen Sie gleich zu Beginn der Stunde den einen oder anderen Schüler mit Namen an. Besonders in Klassen mit Disziplinschwierigkeiten kann dies sehr hilfreich sein, weil die Schüler so das Gefühl haben, dass bereits über sie gesprochen wurde und Sie genau über die Vorgänge in der Klasse Bescheid wissen.

Geburtstagskalender

Schauen Sie sich im Klassenraum um. Manchmal hängen Geburtstagskalender oder Steckbriefe der Schüler mit Fotos aus. Damit können Sie sich auch die Namen der Schüler einprägen.

Zehn Merkmale guten Unterrichts

Wenn Sie diese **Kriterien** beherzigen, ist der erste Grundstein für erfolgreiche Vertretungsstunden schon gelegt.

Zehn Merkmale guten Unterrichts (nach Hilbert Meyer):

1. ***klare Strukturierung***
2. ***hoher Anteil an echter Lernzeit***
3. ***lernförderliches Klima***
4. ***inhaltliche Klarheit***
5. ***sinnstiftendes Kommunizieren***
6. ***Methodenvielfalt***
7. ***individuelles Fördern***
8. ***intelligentes Üben***
9. ***transparente Leistungserwartungen***
10. ***vorbereitete Umgebung***

(Quelle: Meyer, Hilbert: Was ist guter Unterricht? Beltz, 2004, S. 17)

4

Klassenlehrerin, Eltern und Noten

© Nobert Höveler

Bei fast allen Vertretungsverträgen kann es vorkommen, dass Sie von einem Tag auf den anderen längere Zeit in einer Klasse unterrichten und plötzlich die Klassenlehrerrolle übernehmen müssen. Das bedeutet für Sie eine Menge neuer Aufgaben, die Sie zusätzlich zum Unterricht leisten müssen. An dieser Stelle kann nur kurz auf die wichtigsten Aspekte hingewiesen werden – es sei Ihnen aber das Buch *„KlassenlehrerIn sein"* von *Kerstin Klein* empfohlen (siehe Literaturtipps S. 150), in dem Sie eine Menge hilfreicher Tipps und Hinweise zur Klassenlehrerrolle erhalten.

© Gerhard Seybert – Fotolia.com

Nicht nur als Klassenlehrerin haben Sie es mit den Eltern der Kinder zu tun, deshalb gibt es zu diesem wichtigen Thema auch einige **Hinweise** und **Hilfestellungen** sowie **Tipps zur Leistungsbewertung**.

Klasse Klassenlehrerin!

Als Klassenlehrerin übernehmen Sie für einige Zeit die Verantwortung für eine ganze Klasse. Das ist sowohl für Sie als auch für die Schüler, die Eltern und auch die erkrankte Lehrerin eine große Umstellung. Die Klasse genauso weiterzuführen wie bisher, ist kaum möglich – schließlich hat jeder seinen eigenen Unterrichtsstil, seine eigenen Prioritäten und möglicherweise kennen Sie die erkrankte Lehrerin auch gar nicht. Dennoch sollten Sie versuchen, Veränderungen behutsam einzuführen. Versuchen Sie, die eingeführten Regeln und Rituale zunächst beizubehalten. Dazu gehört auch die Ordnung im Klassenraum: Räumen Sie die persönlichen Sachen der Klassenlehrerin nicht einfach weg und ändern Sie die Gestaltung, was z. B. die Raumaufteilung, Ordnungssysteme und die Sitzordnung betrifft, nicht ohne Rücksprache, insbesondere dann nicht, wenn die Klassenlehrerin nach einiger Zeit die Klasse wieder übernehmen wird.

Wenn Sie kleine Veränderungen einführen möchten, können Sie das selbstverständlich tun. Sie sollten es jedoch so halten, dass Sie den Ausgangszustand ohne Probleme wiederherstellen können.

Klassenlehrerin zu Schuljahresbeginn

© drubig-photo – Fotolia.com

Manchmal kommt es vor, dass Sie Ihre erste Stelle als Vertretungslehrerin nach den Sommerferien antreten und dann direkt eine Klasse als Klassenlehrerin übernehmen. Oft fällt diese Entscheidung erst wenige Tage vor Schuljahresbeginn, sodass Sie kaum Zeit haben, sich auf Ihre neue Aufgabe vorzubereiten.

Doch keine Sorge! Der spontane Neustart bringt auch Chancen mit sich: Sie übernehmen einen leeren Klassenraum, den Sie nach Ihren Vorstellungen einrichten können, und haben die Möglichkeit, gemeinsam mit der Klasse neue Regeln, Rituale und Unterrichtsmethoden einzuführen und zu erarbeiten. Sie sollten sich in diesem Falle jedoch unbedingt vorher mit der Schulleiterin und den Kolleginnen austauschen, denn in den ersten Schulwochen werden meist die Weichen für ein gelungenes Schuljahr gestellt und einige Anfängerfehler sind später nur schwer wieder rückgängig zu machen.

Tipps zur Elternarbeit

Nicht nur als Klassenlehrerin werden Sie es während der Vertretungstätigkeit mit den Eltern der Kinder zu tun haben. Vor allem wenn Sie längerfristig an der Schule bzw. in einer bestimmten Klasse bleiben, sollten Sie sich den Eltern vorstellen, z. B. mit einem netten Brief. Manchmal übernimmt auch der Rektor oder die Klassenlehrerin diese Aufgabe.

Schule und Elternhaus sollten sich gegenseitig in ihrem Erziehungs- und Bildungsauftrag unterstützen, denn sie tragen gemeinsam die Verantwortung für die Kinder. Elternarbeit ist nicht immer einfach. Ihre Vertretungstätigkeit bietet Ihnen eine gute Übung dafür.

Tür-und-Angel-Gespräche?

Viele Eltern holen ihre Kinder nach der Schule vor dem Klassenraum ab und nicht selten werden sie noch mit dem einen oder anderen Anliegen auf Sie zukommen. Dies gilt besonders für die ersten Wochen – Eltern sind schließlich neugierig und wollen wissen, wer denn die Neue ist, die da plötzlich den Unterricht ihrer Schützlinge übernommen hat. Stellen Sie sich auch darauf ein, dass nicht alle Eltern mit der Situation glücklich sein werden, dass „nur" eine Vertretungslehrerin die Klasse ihrer Kinder übernimmt. Sie sollten also so souverän wie möglich auftreten und sich vor allem direkt nach dem Unterricht nicht zu sehr in Gespräche verwickeln lassen. Dass die Eltern Sie kennenlernen wollen, ist ihr gutes Recht – wenn absehbar ist, dass Sie die Klasse längere Zeit übernehmen werden, sollten Sie also bald Ihren ersten Elternabend gestalten, wo Sie Gelegenheit haben, sich allen vorzustellen.

Tür-und-Angel-Gespräche sollten Sie in jedem Fall höflich ablehnen – es sei denn, es geht nur um eine schnell zu klärende Kleinigkeit, z. B. etwas Organisatorisches. Es kann vorkommen, dass unzufriedene Eltern versuchen, mit Ihnen über die erkrankte Lehrerin zu tratschen und zu lästern – darauf sollten Sie sich auf keinen Fall einlassen. Sagen Sie freundlich, dass Sie noch ein Teamgespräch im Lehrerzimmer haben. Geht es um etwas Wichtiges, ist ebenfalls das spontane Gespräch nicht die richtige Gelegenheit. Sie sind vielleicht vom Tag gestresst, müssen sich noch darum kümmern, dass die Klasse aufgeräumt ist und alle Kinder sicher die Schule verlassen. Fragen Sie, worum es geht, und vereinbaren Sie einen Termin – am Nachmittag in der Schule oder am Telefon. In fast jeder Klasse gibt es „spezielle" Eltern, die auf irgendeine Weise besonders schwierig sind. Fragen Sie vor Elterngesprächen Ihre Kolleginnen und Ihre Schulleiterin, wie Sie am besten damit umgehen.

Die ersten Elterngespräche sollten Sie nicht allein führen. Bitten Sie die Schulleiterin oder eine Kollegin, Sie dabei zu unterstützen und als „Zeuge" anwesend zu sein.

Elternabend

© Tom – Fotolia.com

Es gibt in der Regel zwei Klassenpflegschaftssitzungen, auch Elternabend genannt, in jedem Schuljahr. In der Regel beruft der Klassenpflegschaftsvorsitzende die Sitzung ein, indem er Einladungen verschickt und auch die Sitzung leitet. Gibt es noch keinen Vorsitzenden, da es sich z. B. um eine 1. Klasse handelt, beruft der Klassenlehrer die Sitzung ein. Dann werden der Vorsitzende und sein Stellvertreter gewählt. Erkundigen Sie sich, ob es an der Schule bereits Vorlagen gibt, in denen Sie die Ergebnisse der Wahldurchgänge festhalten können. Wichtig ist auch die Anwesenheitsliste. Vielleicht gibt es an Ihrer Schule dafür ebenfalls eine entsprechende Vorlage.

Die Einladung an die Eltern enthält in der Regel eine Tagesordnung, die zwischen Klassenlehrerin und Vorsitzendem abgesprochen wird. Sprechen Sie sich dazu am besten auch mit den Parallelklassenlehrern ab. Sie sollten sich auch, wenn möglich, bei der Klassenlehrerin über mögliche Eltern-Problemfälle vorab informieren.

Es ist auch hilfreich, wichtige Termine für die Eltern im Vorfeld zu kopieren und ihnen auszuhändigen.

Der erste Elternabend

Der erste Elternabend ist für viele eine große Herausforderung. Fragen Sie Ihre Kolleginnen, wie sie ihre Abende gestalten. Geht es in erster Linie um einen Informationsabend bezüglich Ihrer Vertretungstätigkeit, sollten Sie auch darauf den Schwerpunkt legen. Schreiben Sie eine persönliche Einladung und stellen Sie sich möglichst authentisch vor. Bereiten Sie sich auch auf die Fragen der Eltern vor: Wie lange werden Sie vertreten? Welche Konsequenzen hat das für die Schüler? Bedenken Sie, dass die Eltern nicht nur neugierig auf Ihre Person sind, sondern sich auch Gedanken um die Unterrichtsqualität ihrer Kinder machen. Hier sollten Sie gut vorbereitet sein, um souverän zu agieren und die Eltern anschließend mit einem beruhigten Gefühl in den Feierabend zu entlassen.

Geht es um einen inhaltlichen Elternabend zu einem bestimmten Thema (z. B. Zuweisung zu den weiterführenden Schulen, Vergleichsarbeiten, Schulfest o. Ä.), können Sie auch die Kollegin der Parallelklasse fragen, ob es sich anbietet, den Elternabend gemeinsam zu gestalten.

Kleine methodische Auflockerungen bieten sich gut als Eisbrecher an und sorgen dafür, dass der Elternabend nicht nur ein Vortrag ist. Organisieren Sie z. B. mit den Schülern im Vorfeld eine kleine Präsentation ihrer Arbeiten oder erläutern Sie Ihre Didaktik.

Elternsprechtag

Auch auf Ihren ersten Elternsprechtag sollten Sie sich gut vorbereiten. Nicht immer müssen Vertretungslehrerinnen diesen allein abhalten, es kann aber durchaus sein, insbesondere wenn Sie die Klassenlehrerrolle übernommen haben. Für ein gutes Gespräch ist es besonders wichtig, dass Sie die Lernentwicklung jedes Schülers regelmäßig und detailliert dokumentieren (siehe S. 50).

Ob feste Termine (z. B. im 10-Minuten-Takt) mit den Eltern vereinbart werden oder nicht, entscheidet in der Regel die Gesamtkonferenz. Sollten Sie es selbst entscheiden können, sind Termine aus verschiedenen Gründen sinnvoll:

- ***Sie behalten den Überblick, welche Eltern kommen und welche nicht.***
- ***Sie entgehen der weit verbreiteten Praxis, dass Sie am Nachmittag einige Stunden ohne Eltern dasitzen und zu bestimmten Stoßzeiten plötzlich der ganze Flur voll ist.***

- ***Sie können die Gesprächszeit besser einteilen (z. B. 10 Minuten bei Eltern, die Sie einfach nur kennenlernen wollen, 20 Minuten bei Problemfällen) und auch das Gesprächsende ist von vornherein festgelegt. Manche Eltern neigen nämlich dazu, sich „festzuquatschen“!***

- ***Sie können sich die Materialien für die einzelnen Schüler schon vorher in einer Reihenfolge bereitlegen. Gute Vorbereitung gibt Ihnen auch Sicherheit während des Gesprächs.***

- ***Die Eltern wissen in der Regel, wer Sie sind, aber (er)kennen Sie auch die Eltern? Bei festen Terminen wissen Sie, wer Ihnen gegenübersteht.***

Nehmen Sie den Elternsprechtag wörtlich! Lassen Sie zunächst die Eltern ihre Anliegen und Fragen vortragen. Das hilft Ihnen, die Eltern besser einzuschätzen, und die Eltern fühlen sich ernst genommen.

Die Not mit der Note

Leistungsbewertung ist seit jeher ein besonders heikles und schwieriges Thema. Gerade hier werden die Kolleginnen Sie jedoch auch unterstützen. In jedem Fall sollten Sie von Beginn an die Schüler in ihrer (Lern-)Entwicklung genau beobachten, nicht nur, um sie möglichst objektiv zu bewerten, sondern auch, um daraus möglichst gezielt individuelle Fördermaßnahmen zu entwickeln. Eine gute Methode ist, sich für jede Klasse einen kleinen Karteikasten (oder auch eine Datei auf dem PC) anzulegen, in der es für jeden Schüler eine Karte gibt. Hier trägt man regelmäßig alle Informationen über die einzelnen Schüler ein. Dazu gehören z. B.:

- ***Ergebnisse von Klassenarbeiten und Lernzielkontrollen***
- ***regelmäßige Notizen zur mündlichen Mitarbeit***
- ***Beobachtungsbögen***

- ***„Highlights“, wie z. B. eine tolle Präsentation***
- ***vergessene Hausaufgaben***
- ***besondere Ereignisse im sozialen Miteinander, z. B. Streit mit einem Mitschüler oder aber auch eine besondere Hilfeleistung bei einem Mitschüler***

Diese Methode macht natürlich nur dann Sinn, wenn die Daten konsequent gepflegt werden. Dafür hat man aber nach einiger Zeit umfangreiches Material gesammelt, mit dem Gespräche mit den Schülern, Eltern und Kollegen viel anschaulicher und die Bewertung objektiver und einfacher werden.

Name	5.9.	6.9.	7.9.	8.9.	9.10.
Adam, Lisa	++	++	+		
Beyer, May	+	++	++		
Biller, Paul	++	++	++		
Gruner, Julia	+	+	+		
Haller, Fabio	+	+	+		
Ibis, Lukas	–	+	+		
Jensen, Timo	++	++	++		
Müller, Vera	+	–	+		

Hilfreich ist es auch, mehrere Namenslisten der Schüler in tabellarischer Form parat zu haben (vgl. Abbildung). Diese können Sie dann als Hausaufgaben-Liste oder Mündliche-Mitarbeit-Liste verwenden. Jeden Tag können Sie direkt eintragen, wenn Ihnen etwas auffällt, z. B. ein Doppelplus (++) für besonders gute Mitarbeit oder ein Minus (–) für „Hausaufgaben vergessen“.

Überlegen Sie sich vorher einfache Zeichen, die Sie verwenden wollen. Zu Hause wird Ihnen die Leistungsbewertung und die Beschreibung der Lernentwicklung dann leichter fallen und Ihnen bleibt viel Arbeit erspart.

Als Vertretungslehrerin sehen Sie zunächst immer nur Momentaufnahmen. Das ist gut, weil Sie so einen vorurteilsfreien Blick auf die Schüler haben. Um die längerfristige Lernentwicklung der Schüler besser einschätzen zu können, sollten Sie, sobald Sie sich einige Zeit ein Bild gemacht haben, dennoch mit der Schulleiterin sprechen, ob Sie die Schülerakten einsehen dürfen. Dort finden Sie Gutachten und vorangegangene Zeugnisse der Schüler.

5

Disziplinprobleme lösen und vermeiden

Unruhige oder auffällige Schüler mit Konzentrations- oder Verhaltensproblemen gibt es in jeder Klasse. Je nach Klassensituation werden Sie mehr oder weniger auch mit Disziplinproblemen konfrontiert. Viele dieser Probleme lassen sich bereits im Vorfeld vermeiden, wenn Sie einige einfache Regeln beachten.

Vermeidung von Disziplinproblemen und Unterrichtsstörungen

- ***Sprechen Sie erst, wenn alle Ihnen zuhören.***
- ***Vermeiden Sie es, zu schreien.***
- ***Erzeugen Sie Zieltransparenz: Sagen Sie den Schülern, was Sie in dieser Stunde gemeinsam vorhaben und was das Ziel der Stunde ist.***
- ***Seien Sie authentisch und emphatisch.***
- ***Strukturieren Sie Ihren Unterricht und organisieren Sie sich selbst. Wenn Sie drei Minuten in Ihrer Tasche kramen müssen, um das Arbeitsmaterial zu finden, wird sich von selbst Unruhe einstellen.***
- ***Vereinbaren Sie im Vorfeld klare Regeln und entsprechende Konsequenzen bei Nichteinhalten.***
- ***Seien Sie mit Konsequenzen sparsam, aber setzen Sie sie in jedem Fall um.***
- ***Orientieren Sie sich bei den Konsequenzen daran, was sonst in der Klasse üblich war.***
- ***Lassen Sie sich nicht auf Diskussionen ein.***
- ***Versuchen Sie, die Schüler so oft wie möglich positiv zu verstärken. Lob wirkt manchmal Wunder!***

Es gibt jedoch auch Schüler oder Klassen, bei denen sich dennoch Disziplinprobleme einstellen. Unter Umständen haben die Schüler schon mehrere Lehrerwechsel hinter sich, insbesondere wenn eine längerfristige Vertretung ansteht. Das kann dazu führen, dass sie „fremde" Lehrer nicht mehr ernst nehmen oder versuchen, Regeln für sich auszulegen, wenn sie wissen, dass man darüber noch nicht ausreichend informiert ist. Zudem werden Sie auch bei kurzfristiger Vertretung oft feststellen, dass ein Vergleich mit der Klassenlehrerin stattfindet: *„Bei Frau Steinheimer machen wir das aber immer anders!"*, oder *„Bei Herrn Ohlenberg dürfen wir aber immer …"* Disziplinprobleme können sehr nervenaufreibend und für alle Beteiligten sehr unbefriedigend sein.

> *Sprechen Sie vorher mit der Schulleitung oder Kollegen, welche Erziehungsmaßnahmen an Ihrer Schule üblich sind. Sprechen Sie auch darüber, welche Maßnahmen Sie selbst ergreifen bzw. verhängen dürfen.*

Mögliche Konsequenzen

- ***Gespräche***
- ***Klassenbucheinträge***
- ***schriftliche Mitteilungen an die Klassenlehrerin***
- ***Nachsitzen (kommt nur bei umfangreichen Unterrrichtsversäumnissen in Betracht, Eltern müssen vorher benachrichtigt werden, Aufsicht gewährleisten!)***
- ***das Umsetzen eines Schülers innerhalb des Klassenzimmers***
- ***das (vorübergehende) Einsammeln von Gegenständen (z. B. störende und gefährliche Gegenstände)***
- ***der Ausschluss von der laufenden Unterrichtsstunde (Sie müssen den Schüler aber im Blick behalten oder ihn beispielsweise in den sogenannten „Trainigsraum" schicken.)***

- ***die Erledigung von Aufgaben, an denen der Schüler sein Fehlverhalten erkennt***

- ***die Verpflichtung des Schülers, angerichtete Schäden selbst zu beheben***

Natürlich sollten diese Maßnahmen nicht willkürlich und im Übermaß ergriffen werden, sondern nur, wenn keine andere Lösung gesehen wird.

Generell gilt:

- ***Jede angedrohte Maßnahme muss im Ernstfall auch wirklich durchgeführt werden. Andernfalls werden die Schüler Sie beim nächsten Mal von vornherein nicht mehr ernst nehmen und Sie ernten ein „Ja klar, das machst du ja sowieso nicht!".***

- ***Die Regeln und Konsequenzen bei Nichteinhalten müssen allen im Vorfeld transparent gemacht werden. Denken Sie sich nicht im Affekt spontan irgendwelche Strafen aus, auch wenn Sie noch so wütend sind.***

- ***Die Konsequenzen müssen einheitlich und für alle verbindlich sein. Alles andere wird von den Schülern als ungerecht empfunden und nur noch mehr Disziplinprobleme hervorrufen.***

Hilfen bei Unterrichtsstörungen

Hier sind einige einfach umzusetzende Kniffe und Tricks, die bei Unterrichtsstörungen Abhilfe schaffen können:

Heimlich & Co

Wählen Sie zwei Schüler aus und schreiben Sie ihre Namen auf. Erklären Sie der Klasse, dass Sie zwei Schüler als „Geheimagenten" ausgewählt haben. Wenn diese beiden Schüler leise und gut arbeiten, erhält die Klasse am Ende der Stunde einen Preis. Da niemand weiß, wer die beiden ausgewählten Schüler sind, müssen sich alle Schüler entsprechend verhalten und arbeiten.

Preise können sein:

- ***ein Spiel am Ende der Stunde***
- ***eine Urkunde für die Klasse für besonders gute Mitarbeit …***

Erinnern Sie die Schüler gelegentlich daran, indem Sie während der Arbeitsphasen z. B. sagen „Oh, die Geheimagenten arbeiten wirklich gut" oder „Oh je, ich fürchte, unsere Geheimagenten müssen aufpassen …".

Waren die „Geheimagenten" erfolgreich, nennen Sie am Ende der Stunde die Namen und lassen sie von der Klasse loben. Waren sie nicht erfolgreich, nennen Sie die Namen nicht und holen sie ggf. später einzeln zum Gespräch oder machen einen entsprechenden Vermerk für die Klassenlehrerin.

Die gelbe und die rote Karte

Halten Sie immer einige laminierte gelbe und rote Karten bereit. Vereinbaren Sie vorher mit den Schülern klare Regeln: Die gelbe Karte gilt als letzte Verwarnung. Auf die rote folgt eine Konsequenz. Verhält sich ein Schüler auffällig, hält sich nicht an die Regeln oder ignoriert Ihre Ermahnungen, legen Sie ihm die gelbe Karte als stumme Verwarnung auf den Tisch. Sollte sich sein Verhalten auch dann noch nicht ändern, tauschen Sie die gelbe gegen die rote Karte aus.

Die Lärmampel

In vielen Klassen kommt es häufig zu Unruhe oder sogar Lärm während des Unterrichts, der meistens von Lehrerinnen und Schülern gleichermaßen als störend empfunden wird. Ursachen können sein:

- ***Der Unterrichtsinhalt entspricht nicht dem Leistungsstand der Schüler.***
- ***Die Arbeitsanweisungen wurden nicht klar oder kleinschrittig genug erklärt (die Schüler wissen nicht, was sie machen sollen).***
- ***Es kommt zu Unruhe bei Phasen- bzw. Methodenwechsel, die den Schülern noch nicht bekannt sind.***

Versuchen Sie, diese Aspekte von vornherein zu berücksichtigen und zu vermeiden. Sollte die Klasse sich dennoch sehr unruhig verhalten, probieren Sie es mit der **Lärmampel**: Schneiden Sie aus Tonpapier einen roten, einen gelben und einen grünen Kreis aus.

Wenn möglich, laminieren Sie sie und kleben Sie auf die Rückseite ein Stück Magnetband (Aber Achtung: Nicht alle Tafeln sind magnetisch!). Malen Sie zu Beginn der Stunde eine Ampel auf eine Tafelhälfte und kleben bzw. heften Sie den grünen Kreis hinein. Je nach Lärmpegel in der Klasse ergänzen Sie sie durch den gelben Kreis. Dieser stumme Impuls erinnert die Schüler daran, auf ihren Lärmpegel zu achten.

Springt die Ampel auf rot, droht eine vorher vereinbarte Konsequenz.
Anmerkung: Natürlich kann die Ampel auch wieder auf grün springen, wenn die Schüler von selbst wieder ein wenig zur Ruhe kommen. Vereinbaren Sie im Vorhinein auch eine Belohnung, wenn die Schüler es schaffen, die Ampel die ganze Stunde auf grün zu halten (z. B. ein Spiel am Ende der Stunde).

Generell gilt: Achten Sie darauf, dass Sie alle Signale sparsam, aber konsequent einsetzen. Jedes noch so gute Zeichen nutzt sich ab, wenn es permanent oder willkürlich eingesetzt wird.

Einige Pädagogik-Versandhändler bieten auch eine sogenannte Lärmampel in elektronischer Form an. Bei Überschreiten eines gewissen Lärmpegels springt die Ampel von selbst auf die entsprechende Farbe.

Der Verhaltensbogen

Erstellen Sie einen Verhaltensbogen oder kopieren Sie S. 149 für Ihre Schüler:

Lassen Sie bei Fehlverhalten den entsprechenden Schüler am Ende der Stunde den Bogen ausfüllen und sprechen Sie anschließend darüber. Der Bogen wird dann der Klassenlehrerin oder der Schulleiterin übergeben, die ggf. weitere Maßnahmen einleitet.

Die Vorteile dieses Bogens sind:

- ***Der Schüler reflektiert selbst sein Verhalten.***
- ***Der Bogen kann Grundlage eines Gesprächs sein.***
- ***Die Klassenlehrerin bzw. Schulleiterin wird aus beider Sicht, der des Schülers und Ihrer, über das Verhalten bzw. die Situation informiert und kann ggf. selbst über weitere Maßnahmen entscheiden.***

Bewegungsanlässe schaffen

Manchmal entsteht Unruhe einfach nur dadurch, dass einige Schüler ein (ausgeprägtes) Bewegungsbedürfnis haben. Schaffen Sie also Bewegungsanlässe im Unterricht, um der Unruhe vorzubeugen. Beispiele:

- ***Die Schüler dürfen zu einer bestimmten Uhrzeit einmal auf dem Schulhof eine Runde laufen.***
- ***Machen Sie zwischendurch Bewegungsspiele. Singen Sie Lieder, bei denen sich die Schüler bewegen müssen, z. B. „Mein Hut, der hat drei Ecken", „Head and Shoulders" usw.***

Weitere Informationen zu Bewegungsspielen finden Sie auf der Seite:
www.mehr-bewegung-in-die-schule.de

6 Ideen für Vertretungsstunden

© Nobert Höveler

In diesem Kapitel finden Sie Ideen und Anregungen für erfolgreiche Stunden, die Ihnen und Ihren Schülern gleichermaßen Freude bereiten und nicht nur Lückenfüller sind.

© WavebreakmediaMicro – Fotolia.com

Die Stunden sind nach den Fächern Deutsch, Mathematik, Sachunterricht, Kunst, Musik und Sport gegliedert und enthalten neben Informationen zu Stundeninhalt, Material, den Klassenstufen und der Zeit auch Variationen und Tipps, sodass Sie die Stunden individuell an Ihre Klassensituation anpassen können.

Außerdem finden Sie Ideen, was Sie machen können, wenn Sie weniger Zeit als geplant für Ihre Unterrichtsstunde benötigen. Einige Stunden können spontan und zu jeder Zeit ohne jeglichen Aufwand durchgeführt werden, andere benötigen ein wenig Material, das aber in der Regel in jedem Klassen- oder Lernmittelraum zu finden ist.

Stöbern Sie ein wenig – Sie werden bestimmt etwas Passendes für Ihren Vertretungsunterricht finden.

Deutsch

Wenn Sie für die Deutschstunde, die Sie vertretungsweise erteilen sollen, vorab keine Informationen erhalten haben, ist es schwierig, an das anzuknüpfen, was in der Klasse zuvor erarbeitet worden ist. Die folgenden Unterrichtsideen sollen Ihnen helfen, dennoch sinnvolle Unterrichtsstunden zu gestalten, in denen die Schüler

- **R** in **Rechtschreibung/Grammatik**,
- **L** im **Lesen/Leseverständnis** und
- **T** in der **Textproduktion** gefordert und gefördert werden.

Freie Lesezeit

L

Klasse 1–4

In vielen Klassen ist das sogenannte „Pultbuch“ eingeführt, ein Buch, das die Schüler entweder von zu Hause mitgebracht oder sich in der Klassen- bzw. Schulbibliothek ausgeliehen haben. In diesem Buch lesen sie immer dann, wenn sie mit Aufgaben bereits fertig sind oder freie Lesezeit auf dem Stundenplan steht. Gerade freie Lesezeiten, die die Lesemotivation und das Lesevergnügen der Schüler steigern sollen, kommen jedoch in der regulären Unterrichtszeit häufig zu kurz. Nutzen Sie dafür die Vertretungsstunde.

Zeit: 45 Minuten

Material: für jeden Schüler ein Buch („Pultbuch“, ein Buch aus der Klassenbibliothek oder das Lesebuch der Kinder)

So geht's: Jeder Schüler liest in seinem Buch, soweit er kommt. Wenn vorhanden, können dabei auch die Leseecken in der Klasse genutzt werden. Sie selbst lesen auch oder gemeinsam mit einem leseschwachen Schüler.
Sind die Schüler längere Lesezeiten nicht gewohnt und werden sie schnell unruhig, wenden Sie folgende Variante an:

Variante: Die Schüler schreiben beim Lesen Wörter auf, die sie nicht kennen. Am Ende der Vertretungsstunde werden sie an die Tafel geschrieben und gemeinsam geklärt.

Tipp: Vereinbaren Sie im Vorhinein ein akustisches Signal für das Ende der Lesezeit. Die Schüler kehren dann selbstständig an ihren Platz zurück und legen ihr Buch zurück an seinen Platz.
Vielleicht gibt es ja an Ihrer Vertretungsschule eine Schülerbücherei oder ein Leseparadies, das Sie für freie Lesezeiten nutzen können. Fragen Sie danach.

Und wenn noch Zeit übrig ist ..., lassen Sie gegen Ende der Stunde die Schüler ihre Lieblingssätze aus ihrem Buch vorlesen.

Zeitungs-Schnitzeljagd

Diese Übung schult die Kinder darin, gezielt nach Informationen zu suchen.

Klasse 1–4

L

Zeit: 45 Minuten

Material: für jede Gruppe eine Zeitung (für alle dieselbe, es bieten sich z. B. lokale, kostenlose Wochenzeitungen an), ein vorbereitetes Arbeitsblatt mit der Zeitungs-Schnitzeljagd

So geht's: Teilen Sie die Schüler in Gruppen ein (Tipps zum Aufteilen in Gruppen auf S. 35). Die Schüler bekommen je Gruppe eine Zeitung sowie ein Arbeitsblatt zur Zeitungs-Schnitzeljagd. Darauf stehen Sätze und Informationen, die die Schüler herausfinden müssen, z. B.: Gesucht sind: eine Person mit Brille, die höchste Temperatur der Woche … Die Sätze können Sie auch an die Tafel schreiben. Die Kinder schneiden die passenden Sätze oder Bilder aus der Zeitung aus und kleben sie auf ein Blatt Papier. Die Gruppe, die als erste alle Informationen gefunden hat, ist Sieger.

Variante: Die Schüler können auch selbst eine Schnitzeljagd für ihre Mitschüler gestalten, indem sie Sätze oder Informationen aus der Zeitung heraussuchen.

Tipp: Diese Schnitzeljagd können Sie auch schon mit Erstklässlern spielen. Kopieren Sie dazu Bilder und Überschriften aus der Zeitung auf ein Arbeitsblatt. Die Schüler suchen die passende Seite aus der Zeitung heraus und schreiben die Seitenzahl neben die Ausschnitte.

Und wenn noch Zeit übrig ist …, besprechen Sie mit den Schülern die Strategien, nach denen sie vorgegangen sind, um schnell zum Ziel zu kommen.

Der rote Faden

L

Klasse 2–4

In dieser Stunde geht es darum, Leitwörter (Schlüsselwörter) aus einem Text herauszuarbeiten als Hilfe zum Nacherzählen oder auch, um schnell einem Text die wichtigsten Informationen zu entnehmen.

Zeit: 45 Minuten

Material: ein einfacher Lesetext, z. B. eine Fabel, als Kopie für jeden Schüler, evtl. ein vorbereitetes Blatt mit einer Linie (roter Faden)

So geht's: Die Schüler lesen zunächst den Text. Anschließend versuchen sie, Leitwörter im Text zu finden, und kreisen sie ein. Es sollten etwa 5–8 Wörter sein. Sie schreiben die Wörter auf das Arbeitsblatt. Wer hat welche Wörter eingekreist? Wer schafft es, die Geschichte nur mithilfe seiner Leitwörter nachzuerzählen?

Variante: **1.** Bereiten Sie große Karteikarten mit Leitwörtern einer bekannten Geschichte vor, z. B. aus einem Märchen. Die Schüler sitzen im Stuhlkreis, die Karten liegen in der Mitte. Erkennen die Schüler das Märchen? Können sie die Karten chronologisch sortieren und anschließend das Märchen erzählen?

2. Geben Sie den Schülern kein Arbeitsblatt, sondern kleine Papierstreifen (jedem etwa 8–10) und je einen ca. 20 cm langen, roten Baumwollfaden. Die Schüler schreiben ihre Leitwörter auf die Papierstreifen. Anschließend kleben sie den roten Faden auf ein weißes Blatt Papier auf. Dann suchen sie ihre 5 wichtigsten Wörter heraus, sortieren sie chronologisch und kleben sie von oben nach unten an den Faden.

Und wenn noch Zeit übrig ist ...,

schreiben Sie 5 Leitwörter an die Tafel. Schafft es jemand, daraus eine eigene kleine Geschichte zu erzählen?

Sachtext-Quiz

Klasse 2–4 L

Bei diesem Spiel lernen die Schüler auf spielerische Weise, einem Text gezielt Informationen zu entnehmen.

Zeit: 45 Minuten

Material: ein Sachtext (der Altersstufe angemessen, für jeden Schüler eine Kopie), Schreibpapier

So geht's: Die Schüler erhalten den Sachtext. Es bietet sich z. B. ein Text über ein Tier an. Die Schüler lesen ihn, schreiben jeweils 5 Fragen dazu auf und notieren die Antwort. Die Fragen sollten sich auf Fakten beziehen, die ihnen wichtig erscheinen. Anschließend teilen Sie die Schüler in 2 Teams auf. Jeweils die erste Person aus **Team 1** stellt die erste Frage an den ersten Spieler aus **Team 2**. Beantwortet er die Frage richtig, erhält sein Team einen Punkt. Das Team mit den meisten Punkten ist Sieger.

Variante: Jedes Team erhält 2 Joker:

Joker 1 = Die Frage darf mithilfe des Textes beantwortet werden

Joker 2 = Die Frage darf mithilfe eines Teammitgliedes beantwortet werden.

Tipp: Wählen Sie einen Sachtext, der auch eine Abbildung, ein kleines Diagramm oder eine Tabelle enthält, zu der die Schüler Fragen stellen können. Diesen Textformen gezielt Informationen zu entnehmen, ist ein wichtiges Lernziel, das leider im regulären Unterricht oft noch viel zu kurz kommt.

Und wenn noch Zeit übrig ist …, zeichnen die Schüler eine passende Abbildung zum Sachtext.

Geschichten-Satzkette

Klasse 2–4 L T

Die Kinder werden durch vorgegebene Sätze angeregt, eine Geschichte zu schreiben.

Zeit: 45 Minuten

Material: verschiedene Sätze, die jeweils als Einleitungs- oder Schlusssatz einer Geschichte dienen können (als Tafelanschrieb, auf Karteikarten oder als Kopie)

So geht's: Die Schüler wählen aus den verschiedenen Anfängen und Schlusssätzen je einen aus. Sie schreiben sie in ihr Heft oder auf ein Schreibblatt. Dazwischen ergänzen sie eine eigene Geschichte aus 6 Sätzen.
Zum Schluss lesen einige Schüler ihre Geschichte vor.
Wer hat die schönste? Wer die spannendste? Wer die witzigste?

Beispielsätze:

- *Eines Nachts wachte Niklas schweißgebadet auf.*
- *Wie jeden Morgen verließ Frau Sieberding um acht Uhr das Haus.*
- *Kennst du schon die Geschichte von Ekli, der Kühltruhenbewachspinne?*
- *„Was für ein Glück", dachte er, „das alles nur ein Traum war."*
- *Das war ja gerade noch mal gut gegangen.*
- *„Komm mit", sagte der Hahn und sie verließen die Stadt bis in alle Ewigkeit.*

Und wenn noch Zeit übrig ist ...,

tragen einige Schüler ihre Geschichten vor.

© Nobert Höveler

Grußkarten für die erkrankte Lehrerin

Klasse 1–4 T

Jeder Schüler schreibt und gestaltet eine Grußkarte für die erkrankte Lehrerin.

Zeit: 45 Minuten

Material: buntes Tonpapier in verschiedenen Farben, ggf. Scheren, Klebstoff, Bastelmaterialien (wie z. B. Stoffreste, Pailletten), Stifte

So geht's: Beim Gestalten können die Schüler ihrer Fantasie freien Lauf lassen und das Tonpapier in verschiedenen Formen zuschneiden, bunt bekleben oder vielleicht sogar eine Pop-up-Karte basteln. Zum Schluss werden die Karten gesammelt und von Ihnen z. B. als Sammelbrief übermittelt.

Variante: „Schön, dass du wieder da bist"-Karten: Wahlweise können die Schüler natürlich auch Karten als Willkommensgruß nach der Genesung schreiben, die dann bei der Rückkehr auf dem Pult oder der Fensterbank aufgestellt werden.

Tipp: Diese Stunde lässt sich gut mit der Erarbeitung verschiedener Gedichtformen kombinieren. Führen Sie z. B. vorweg die Form des Haiku (S. 73) ein und lassen Sie die Schüler jeweils ein Haiku für die erkrankte Lehrerin schreiben.

Und wenn noch Zeit übrig ist …, darf jeder, der möchte, seine Karte auf seinen Tisch stellen. Alle Schüler gehen dann wie in einer Ausstellung umher und schauen sich die Karten an.

Wörternetze finden

Das Cluster-Verfahren ist eine Methode des Kreativen Schreibens und hilft dabei, Ideen z. B. für eigene Geschichten oder Gedichte zu entwickeln.

T Klasse 2/3

Zeit: 45 Minuten

Material: für jede Gruppe ein großer Bogen Tonpapier; bei Partnerarbeit für jedes Paar ein DIN-A3-Blatt

So geht's: Sie geben ein Thema vor oder lassen die Schüler eines finden, z. B. die aktuelle Jahreszeit. Die Schüler schreiben wahlweise in Gruppen- oder Partnerarbeit das Thema in die Mitte ihres Blattes und clustern alle anderen Wörter, die ihnen dazu einfallen, netzartig drum herum.

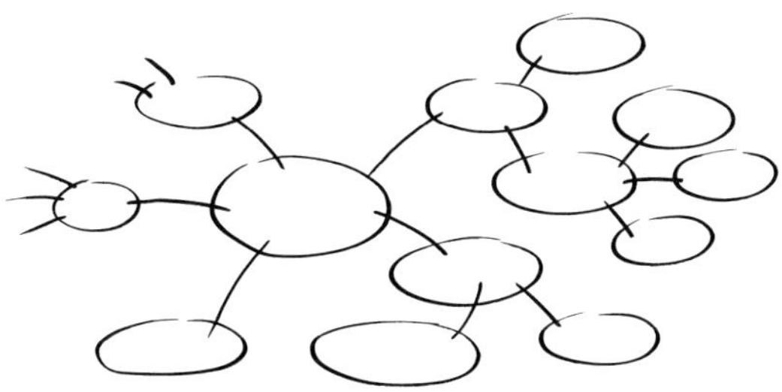

Variante: Eine schöne Variante ist, die Schüler die Wörter auf kleinen Karteikarten sammeln zu lassen. Anschließend werden sie im Sitzkreis ausgelegt und Sie entwickeln gemeinsam Ordnungskriterien: nach Wortarten, nach dem Abc, nach Wortfamilien, nach engerer und weiterer thematischer Zusammengehörigkeit. Die Schüler einigen sich auf ein Ordnungsprinzip, ordnen die Karteikarten auf einem großen Bogen Tonkarton entsprechend an und kleben sie auf.

Tipp: Nutzen Sie die Cluster für weitere Vertretungsstunden, in denen die Schüler kleine Texte oder Gedichte zu dem Thema schreiben – die Cluster helfen ihnen dabei.

Und wenn noch Zeit übrig ist ..., schreiben die Schüler aus ihren gesammelten Wörtern Wörterschlangen (z. B.: Sommersonnenstreifenschirmständer). Wer schafft das längste Wort?

Einen Newsletter schreiben

Die Form des Newsletters ist heute vielen Schülern schon aus dem Internet bekannt. In dieser Unterrichtseinheit erarbeiten Sie gemeinsam die Kriterien eines Newsletters.

T

Klasse 3/4

Zeit: 45 Minuten

Material: Schreibblätter

So geht's: Erarbeiten Sie gemeinsam an der Tafel die Kriterien: Wie lang sollte der Newsletter sein? Welche Rubriken sollte er enthalten? Überlegen Sie dann gemeinsam, welche inhaltlichen Aspekte in den Newsletter eingebracht werden sollen: Was für wichtige Ereignisse haben stattgefunden? Was gibt es für Neuigkeiten? etc. Anschließend schreiben die Schüler die Texte für den Newsletter, wahlweise in Gruppen nach Rubriken eingeteilt oder in Partnerarbeit.

Tipp: Der Newsletter bietet sich insbesondere auch dann an, wenn Sie mehrere Stunden in der Klasse vertreten. Nutzen Sie ihn dann als quantitative Differenzierung (für Schüler, die bereits schnell mit anderen Aufgaben fertig sind) oder lassen Sie ihn die Schüler regelmäßig durch die neuesten Informationen ergänzen.

Und wenn noch Zeit übrig ist ..., überlegen Sie gemeinsam mit den Schülern Möglichkeiten der Veröffentlichung. Die Texte können z. B. geheftet und an einem zentralen Info-Punkt in der Klasse ausgelegt werden oder als Informationsblatt für die erkrankte Lehrerin übermittelt werden.

Schreiben zu Bildern

T

Klasse 1–4

Ansprechende und interessante Bilder sind hervorragend dazu geeignet, die Fantasie der Kinder anzuregen, eigene Geschichten zu schreiben oder zu erzählen.

Zeit: 45 Minuten

Material: verschiedene Bilder, die Kinder zum Geschichtenschreiben anregen, möglichst für jeden Schüler ein Bild, evtl. Schreibpapier und Stifte

So geht's: Verteilen Sie die Bilder an die Kinder oder lassen Sie die Kinder selbst auswählen, zu welchem Bild sie gerne eine Geschichte schreiben würden. Geben Sie den Kindern genug Zeit, ihre Geschichte zu verfassen. Achten Sie darauf, dass hinterher noch ein wenig Zeit übrig ist, damit einige Kinder ihre Geschichten vorstellen können.

Variante: Sie können auch ein besonders interessantes Bild auf eine Folie kopieren, dann schreiben alle Kinder nur zu einem Bild.

Tipp: Wenn Sie in Zeitschriften oder Werbebroschüren ein interessantes Bild entdecken, schneiden Sie es aus und laminieren Sie es direkt. Dann entsteht nach und nach eine schöne Sammlung.
Heften Sie alle Geschichten zusammen. Schon ist ein schönes Geschichtenbuch entstanden.

Und wenn noch Zeit übrig ist ..., malen die Kinder zu ihrer Geschichte noch ein passendes Bild oder gestalten einen Schmuckrahmen.

Papiermonster

Die Kinder schreiben zu einem zerrissenen Papierstück eine Geschichte.

Klasse 2–4

T

Zeit: 45 Minuten

Material: für jeden Schüler ein DIN-A4-Papier

So geht's: Jedes Kind bekommt ein Blatt Papier. Davon reißt es ein Stück ab. Wichtig ist, dass es möglichst keine kleinen Fetzen, die Stücke aber auch nicht zu groß sein sollten. Dann wird das Papier weitergereicht. Jedes Kind reißt nun von dem Papier, das es erhalten hat, wieder ein Stück ab. Wieder wird das Papier weitergereicht usw., bis jedes Kind sein Stück Papier zurückerhalten hat. Nun schreibt jedes Kind zu seinem „Papiermonster" eine Geschichte. Vielleicht erinnert das Stück Papier ja an ein interessantes Tier, zu dem man eine Geschichte schreiben kann, oder es handelt sich um eine besondere Blume, die im Zauberwald wächst?

Variante: Die Kinder setzen sich in Gruppen von etwa 5 Personen zusammen. Jedes Kind bekommt wieder ein Stück Papier und es wird zerrissen (s. u.). Dann soll die Gruppe eine Geschichte erfinden, in der alle Fantasiefiguren auftauchen.

Tipp: Stellen Sie Papiereimer bereit, damit die Kinder ihre Papierschnipsel dort entsorgen können.

Und wenn noch Zeit übrig ist ..., zeichnen die Kinder zu ihrer Geschichte ein Bild.

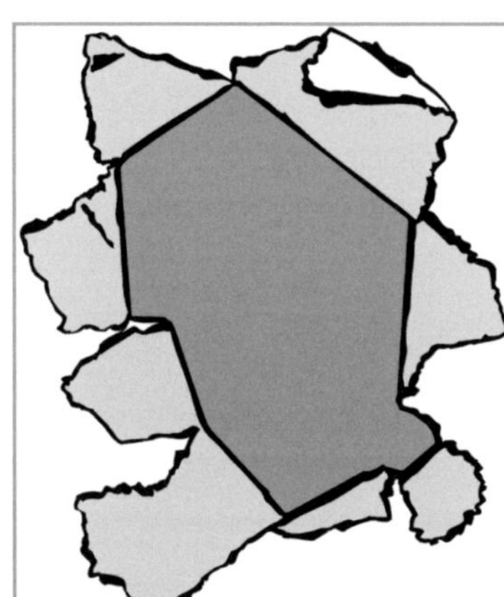

Flaschenpost

Die Kinder schreiben eine Geschichte über das Schicksal eines Flaschenpost-Absenders.

Klasse 2–4 T

Zeit: 45 Minuten

Material: eine Flaschenpost, Schreibblätter, evtl. Schmuckblätter mit Südseemotiven

So geht's: Bringen Sie eine Flaschenpost mit in den Unterricht (eine einfache Flasche mit einer Schriftrolle) und zeigen Sie sie den Schülern. Erzählen Sie, dass Sie die Flasche in Ihrem letzten Australienurlaub am Strand (oder auch im nahe gelegenen Bach) gefunden haben. Sammeln Sie gemeinsam an der Tafel Ideen, woher die Flasche kommen könnte, wer sie geschickt hat usw. Anschließend schreiben die Schüler mithilfe der Ideen eine Geschichte.

Variante: Beschriften Sie die Schriftrolle mit einem Text, z. B. einer entführten arabischen Prinzessin oder einem gestrandeten Piraten. Öffnen Sie gemeinsam die Flaschenpost und lassen Sie sie einen Schüler vorlesen. Anschließend schreiben die Schüler einen Antwortbrief.

Tipp: Bei ganz viel Zeit und der Möglichkeit zur Vorbereitung bringt jeder Schüler eine Flasche mit. Die eigenen Geschichten werden gerollt, mit einer Schleife fixiert und in die Flaschen gesteckt. Anschließend werden sie in der Pausenhalle ausgestellt.
Die anderen Klassen sind bestimmt neugierig, was sich in den Flaschen so verbirgt … So schaffen Sie Leseanreize von Schülern für Schüler.

Und wenn noch Zeit übrig ist …, übertragen die Schüler ihre Geschichten auf ein Schmuckblatt und gestalten es.

Analogiegedicht: Ein Baum ist ein Baum

T

Klasse 2–4

In dieser Stunde setzen sich die Schüler produktionsorientiert mit dem Gedicht *„Ein Baum“* auseinander, indem sie Analogiegedichte nach demselben Muster schreiben.

Zeit: 45 Minuten

Material: Schreibpapier, Stifte

So geht's: Das Schema ist einfach, sodass auch jüngere Schüler und Schüler, die bislang wenig kreativ geschrieben haben, schöne Ergebnisse entwickeln.
Tragen Sie das Gedicht zunächst vor. Die Schüler äußern sich zu dem Gedicht. Inhalt und äußere Form werden besprochen. Anschließend schreiben die Schüler eigene Gedichte nach demselben Schema.

Ein Baum ist ein Baum.	*Ein* .... *ist ein* ....
Aber er ist auch	*Aber er ist auch*
ein Unterschlupf bei Regen,	....
ein Spiegel der Jahreszeiten	....
und in der Einsamkeit	....
ein Freund.	....

Tipp: Halten Sie für die lernschwächeren Schüler Tippkarten mit Ideen für das Gedicht bereit, z. B.: Ein Stern ist ein Stern.
Ein Stift ist ein Stift. Ein Hund ist ein Hund …
Wenn Sie Zeit zur Vorbereitung haben, kopieren Sie die Vorlage und gestalten Sie damit ein Arbeitsblatt; vielen Schüler fällt es so leichter, die Struktur des Gedichtes einzuhalten.

Und wenn noch Zeit übrig ist …, gestalten die Schüler ein schönes Schmuckblatt mit ihrem Gedicht oder tragen ihre Ergebnisse vor.

Ein Haiku schreiben

Meistens sind Jahreszeiten und Naturereignisse das Thema dieser traditionellen, kleinen Gedichte.

Klasse 2–4

T

Zeit: 45 Minuten

Material: Schreibpapier in verschiedenen Farben, Stifte

So geht's: Ein Haiku ist eine japanische Gedichtform, die folgendem Schema folgt: **5 Silben**
7 Silben
5 Silben

Schreiben Sie zunächst selbst ein Haiku an die Tafel. Wählen Sie das Thema, z. B. passend zur Jahreszeit. Wenn Sie Zeit haben, können Sie auch zu Hause eine Folie mit dem Gedicht und einem schönen, thematisch passenden Bild vorbereiten. Tragen Sie das Gedicht vor oder lassen Sie es einen Schüler vortragen. Erarbeiten Sie die Besonderheiten. Dabei sollten Sie mit dem Inhalt beginnen und erst dann zur Form überleiten. Nun schreiben die Schüler selbst ein Haiku. Wer möchte, kann zunächst eine kleine Wörtersammlung anlegen. Ermutigen Sie die Schüler, ruhig länger einige verschiedene Varianten auszuprobieren, bis es wirklich schön klingt.

Tipp: Sprechen Sie das Haiku unbedingt einige Male gemeinsam und lassen Sie die Schüler dabei die Silben mitklatschen.

Beispiel: *Hielte ich ihn fest,*
bliebe nichts in meiner Hand –
zarter Schmetterling!

Buson (1716–1783)

Und wenn noch Zeit übrig ist …, übertragen die Schüler ihr (rechtschreibkorrigiertes) Gedicht auf ein farbiges Papier und gestalten es mit einem thematisch passenden Bild.

Wörter in der Außerirdischensprache

T

Klasse 3/4

Die Außerirdischen waren auf dem Planeten – und natürlich haben sie für alles auf der Erde ganz andere Begriffe! Der Tisch heißt bei ihnen Stift, das Fenster Fußboden …

Zeit: 45 Minuten

Material: Schreibpapier, Stifte

So geht's: Jeder Schüler erstellt eine eigene Wörterliste in der Außerirdischensprache und schreibt daraus dann einen kleinen Text. Am Schluss der Stunde lesen einige Schüler ihren Text vor. Schaffen es die anderen, zu erraten, worum es geht?

Variante: Natürlich dürfen sich die Schüler auch Quatschwörter ausdenken, z. B. „Luftikosaugdüse" für Staubsauger oder „Vierbeinoholz" für Tisch usw.

© Nobert Höveler

Redewendungen wörtlich genommen

Klasse 3/4 T L

Viele Kinder kennen heute kaum noch Redewendungen – umso wichtiger, die Bedeutung der Ausdrücke gemeinsam zu thematisieren!

Zeit: 45 Minuten

Material: Schreibblätter, Stifte

So geht's: Schreiben Sie verschiedene Redensarten an die Tafel und überlegen Sie mit den Schülern gemeinsam, welche Bedeutung sie haben könnten. Anschließend malen die Kinder die Redewendungen – und zwar wörtlich genommen.

Tipp: Wenn Sie Kinder, die noch andere Sprachen beherrschen, in der Klasse haben, fragen Sie sie, ob sie in ihrer Sprache auch Redewendungen kennen. Vielleicht kann der eine oder andere sie übersetzen und die Bedeutung erklären – das ist oft sehr witzig!

Und wenn noch Zeit übrig ist …,

machen Sie ein Redewendungsquiz. Bilden Sie 2 Teams und nennen Sie jeweils eine Redewendung sowie 2 verschiedene Erklärungen.

Beispiel: *Jemand spricht durch die Blume.*

Erklärung: **a)** *Er bringt seiner Frau Rosen mit.*
b) *Er sagt nicht klar, was er meint, sondern redet „drumherum".*

Beispiele für Redewendungen: *Sich etwas aus dem Ärmel schütteln.*
Ein Auge auf jemanden werfen.
Ein Brett vor dem Kopf haben.
Alles über einen Kamm scheren.

Anlautcollagen

Die Kinder trainieren verschiedene Anlaute.

Klasse 1/2 R

Zeit: 45 Minuten

Material: für jedes Team ein großer Bogen Papier, verschiedene Zeitungen, Zeitschriften, Kataloge, Scheren, Klebestifte

So geht's: Jedes Team (Parter- oder Gruppenarbeit) bekommt einen Buchstaben zugeordnet. Sie suchen aus dem Zeitschriftenmaterial Abbildungen heraus, die mit dem Buchstaben beginnen, z. B. eine Nase oder eine Nuss für den Buchstaben **N**.
Die Abbildungen werden ausgeschnitten und auf den Papierbogen geklebt. Natürlich können sie auch den Buchstaben selbst in unterschiedlichen Schriften ausschneiden.
Wer findet wohl die meisten?

Variante: Die Schüler, die schon lesen können, schneiden ganze Wörter mit dem Buchstaben als Anlaut aus.
Schaffen sie es, nur damit ganze Sätze zu legen (Alliterationen)?

Wörternetze

Klasse 2–4 R

Die Schüler sollen erkennen, dass die Wörter unserer Sprache miteinander vernetzt sind.

Zeit: 45 Minuten

Material: Schreibpapier, Stifte

So geht's: Die Schüler schreiben verschiedene Wörter (etwa 8–10, je nach Leistungsstand) kreisförmig angeordnet auf ein Blatt. Es sollten sowohl Nomen als auch Adjektive und Verben sein. Anschließend nehmen sie einen Buntstift und vernetzen einige der Wörter zu einem Satz, den sie auf der Rückseite oder einem neuen Blatt aufschreiben.

Beispiel: *Hund – fressen – Schultasche*
Der Hund frisst die Schultasche.

Anschließend nehmen sie eine weitere Farbe und „vernetzen" einen weiteren Satz. Wer schafft das dichteste Spinnennetz? Wer schafft die meisten Sätze?

Tipp: Führen Sie das Prinzip einmal gemeinsam an der Tafel durch, damit es allen Schülern klar ist.

Und wenn noch Zeit übrig ist ..., versuchen die Schüler, einen besonders langen Satz zu schreiben. Wer schafft den längsten?

Sätze ohne Satzendzeichen

In dieser Stunde üben die Schüler, die richtigen Satzendzeichen zu setzen.

Klasse 1/2 R

Zeit: 45 Minuten

Material: für jeden Schüler 3 Karteikarten, einfache Sätze ohne Satzendzeichen (als vorbereitetes Arbeitsblatt, Folie oder Tafelanschrieb)

So geht's: Teilen Sie die Karteikarten aus. Jeder Schüler schreibt auf eine Karte einen großen Punkt, auf die zweite ein Ausrufezeichen und auf die dritte ein Fragezeichen. Sprechen Sie mit den Schülern darüber, wann man welches Satzzeichen setzt.
Dann nennen Sie verschiedene Sätze. Variieren Sie dabei Länge und Schwierigkeit – es dürfen auch Quatschsätze sein!
Die Schüler halten jeweils die passende Karteikarte hoch.
Anschließend bearbeiten sie das Arbeitsblatt bzw. schreiben die Sätze in ihr Heft und ergänzen in einer anderen Farbe die passenden Satzzeichen.

Variante: Diese Variante eignet sich besonders für leistungsstärkere Schüler (Ende Klasse 2 oder als quantitative Differenzierung).
Geben Sie den Schülern mehrere Karteikarten. Die Schüler suchen aus ihrem Lesebuch einfache Sätze mit unterschiedlichen Satzendzeichen heraus und schreiben sie (ohne Satzzeichen) auf die Karteikarte. Auf die Rückseite kommt jeweils das richtige Satzendzeichen. So fertigen die Schüler selbst ein Quiz an, das in der Freiarbeit auch von anderen genutzt werden kann.

Und wenn noch Zeit übrig ist ..., siehe Variante.

Wortarten-Collage

Klasse 3/4 R

Diese Übung dient der Wiederholung der Wortarten.

Zeit: 45 Minuten

Material: alte Zeitungen oder Zeitschriften, Tonpapier in verschiedenen Farben (DIN A3 oder DIN A4), Klebstoff, Scheren

So geht's: Wiederholen Sie zunächst mit den Schülern die einfachen Wortarten: Nomen, Verben, Adjektive. Schreiben Sie zur Erinnerung noch einmal an die Tafel, woran man die Wortarten erkennt. Anschließend schneiden die Schüler in Partnerarbeit aus den Zeitungen Wörter aus und kleben sie auf (z. B. alle Verben auf das grüne Blatt, alle Nomen auf das rote usw.).

Variante: Die Schüler können auch in Gruppen arbeiten, dann gestaltet jede Gruppe ein Plakat mit einer bestimmten Wortart.
Hierbei können sie die Wortarten auch noch weiter unterteilen, z. B. in konkrete und abstrakte Nomen, Verben nach Gegenwart/Vergangenheit usw.

Tipp: In manchen Klassen haben die Schüler für jede Wortart eine festgelegte Farbe, die dann auch bei dieser Aufgabe beibehalten werden sollte.

Und wenn noch Zeit übrig ist ..., spielen Sie folgendes Spiel:

Die Schüler stellen sich in zwei Reihen vor der Tafel auf. Sie nennen jeweils ein Wort. Die beiden vorn stehenden Schüler versuchen, so schnell wie möglich die richtige Wortart zu nennen. Der Erste bekommt einen Punkt für sein Team. Anschließend stellen sie sich wieder hinten an und die nächsten beiden sind an der Reihe. Welche Gruppe wird Wortartenchampion?

Wörtergitter

R Klasse 2–4

Die Schüler schreiben ein eigenes Wörtergitter nach dem Scrabble-Prinzip.

Zeit: 45 Minuten

Material: Schreibblätter, Stifte

So geht's: Senkrechte und waagerechte Wörter werden zu einem Gitter kombiniert. Die Wörter können sie dabei frei kombinieren. Wer schafft das größte Gitter?

Variante: Geben Sie bestimmte Wörter vor, z. B. Wörter zu einem Thema, aus dem Grundwortschatz der Schüler, Fremdwörter oder Lernwörter für das nächste Diktat.

Tipp: Die Schüler können auch zu zweit oder in Gruppen arbeiten: Jeder ergänzt abwechselnd ein neues Wort.

Und wenn noch Zeit übrig ist …, erstellen Sie gemeinsam eines an der Tafel. Dabei können Sie z. B. „Schüler gegen Lehrer" spielen: Ergänzen Sie das Gitter immer abwechselnd. Wer kein Wort mehr findet, hat verloren.

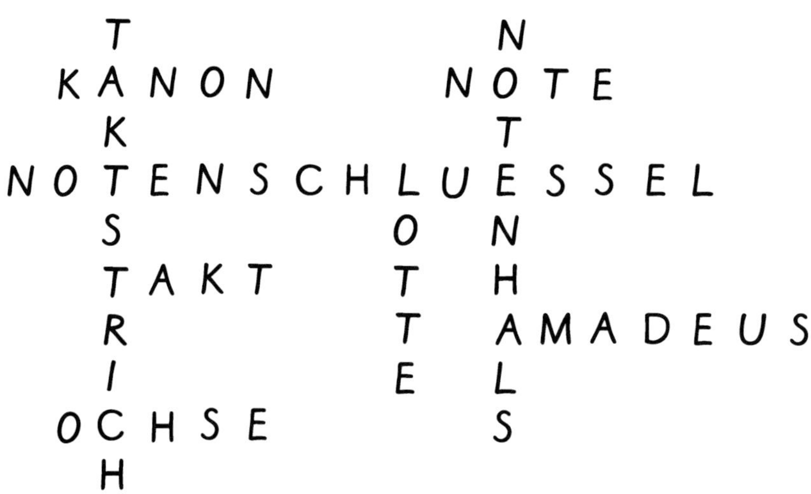

Wortstamm-Monster

Die Schüler bilden aus Wortstämmen und Wortteilen eigene Wörter und können anschließend dazu eine Geschichte schreiben.

R T Klasse 1–4

Zeit: 45 Minuten

Material: eine Liste mit Präfixen und Fremdwortstämmen, Schreibblätter

So geht's: Stellen Sie den Schülern ein lustiges Wortstamm-Monster, das Sie selbst gezeichnet haben, an der Tafel oder einer Folie vor. Wie könnte das Monster wohl heißen und was kann es besonders gut? Die Schüler erhalten dann eine Liste mit Fremdwort-Präfixen und lateinischen Wortstämmen.
Die Schüler erfinden daraus einen Namen für ein eigenes Monster, das sie zeichnen, z. B. „Hexapedolus" = sechsfüßiges Monster. Anschließend malen sie es aus.

Variante: Variieren Sie je nach Leistungsstand bzw. Klassenstufe der Schüler: Erstklässler, die noch nicht lesen und schreiben können, malen ein eigenes Monster und geben ihm einen „deutschen" Namen, z. B. „fünfäugiger Stachelrücken".
Die Kinder können neben das Monster auch die besonderen Eigenschaften schreiben oder sich sogar eine kleine Geschichte dazu ausdenken.

Beispiele:

Uni	*Ein*	**Lipo**	*Fett*
Bi	*Zwei*	**Macro**	*Groß*
Tri	*Drei*	**Micro**	*Klein*
Quadri	*Vier*	**Caput**	*Kopf*
Penta	*Fünf*	**Manus**	*Hand*
Hexa	*Sechs*	**Ped**	*Fuß*
Hepta	*Sieben*	**Tops**	*Gesicht*
Octo	*Acht*	**Hippe**	*Pferd*

Tier-Abc

Diese Unterrichtseinheit dient der Übung und Schulung des Alphabets.

Klasse 1/2 R

Zeit: 45 Minuten

Material: ein vorbereitetes Arbeitsblatt mit jedem Buchstaben des Alphabets und einer Linie dahinter

So geht's: Die Schüler suchen zu jedem Buchstaben ein Tier, z. B. **A** = **A**meise, **B** = **B**är usw., und schreiben es auf das Arbeitsblatt. *Hinweis:* Lassen Sie die Schüler dazu ihr Wörterbuch benutzen, so üben sie gleichzeitig den Umgang damit.

Variante: Die Schüler schreiben kein Tier-, sondern ein Namens-Alphabet.

Tipp: Besonders schwierige Buchstaben können Sie auch einfach weglassen oder Sie schreiben an der Stelle selbst ein passendes Tier hin, z. B. Chamäleon oder Chinchilla, Yak, und die Schüler ergänzen den Buchstaben.

Und wenn noch Zeit übrig ist ..., sprechen Sie mit den Schülern gemeinsam einen Abc-Reim (z. B. „Abc, die Katze liegt im Schnee" oder „Das Abc im Rückwärtsgang" von Josef Guggenmos).

A meise	N
B är	O
C	P
D	Q
E	R
F	S
G	T
H	U
I	V
J	W
K	X
L	Y
M	Z

Rechtschreibung: kreative Wortschatzarbeit

R

Klasse 2–4

Mit dieser Übung gelingt eine abwechslungsreiche Wortschatzarbeit.

Zeit: 45 Minuten

Material: eine Liste mit 10 Wörtern aus dem Grundwortschatz der jeweiligen Klasse, Schreibpapier oder ein vorbereitetes Arbeitsblatt

So geht's: Die Schüler erhalten eine Liste mit 10 Wörtern aus dem Grundwortschatz ihrer Klassenstufe (wahlweise Lernwörter aus dem nächsten Übungsdiktat o. Ä.).
Dazu erhalten sie folgende Aufgaben:

Aufgabe	Beispiel
Schreibe zu jedem Wort eine kurze Definition.	*Fisch: ein Tier mit Kiemen und Flossen, das im Wasser lebt*
Ordne die Wörter nach dem Alphabet.	
Gestalte mit den Wörtern ein Bild (Konkrete Poesie).	
Zeichne zu jedem Wort ein kleines Bild.	
Schreibe jedes Wort in drei verschiedenen Schriftarten.	Fisch Fisch Fisch
Schreibe zu jedem Wort einen Satz mit Alliterationen.	*Fredi Fisch fängt feurige Flusskrabben.*
Schreibe jedes Wort so dekorativ und bunt wie möglich.	
Schreibe einen Satz oder einen kleinen Text, in dem möglichst viele der Wörter vorkommen. Es darf auch ein Quatschtext sein!	

Tipp: Einige der Aufgaben lassen sich auch schon in der 1. Klasse einsetzen. Lassen Sie zu schwierige Aufgaben (Definition etc.) dann einfach weg oder verwenden Sie sie als qualitative Differenzierung für die leistungsstarken Schüler.

Und wenn noch Zeit übrig ist ..., lesen die Schüler ihre Alliterationssätze und Quatschtexte vor.

Mathematik

Nutzen Sie die Vertretungsstunden für einen abwechslungsreichen Mathematikunterricht, in dem die Kinder Strukturen durchschauen sollen, Zählübungen machen, Mathespiele spielen oder knobeln. Diese Ideen können Sie beispielsweise auch zu Beginn einer Mathematikstunde einsetzen.

Pfiffige Päckchen erfinden

Klasse 2–4

Das „Päckchenrechnen" ist eine sehr bekannte Übungsmethode im Mathematikunterricht. Oft sind die Päckchen bereits nach einer bestimmten Struktur aufgebaut, die es Kindern ermöglicht, allein durch Logik und Überlegen auf die Ergebnisse zu kommen. Diese Struktur wird jedoch – wird sie nicht bewusst thematisiert – von Kindern häufig nicht durchschaut. In dieser Stunde erfinden die Kinder eigene Päckchen mit eigenen Regeln bzw. Strukturen.

Zeit: 45 Minuten

Material: kariertes Papier oder Rechenhefte, Stifte

So geht's: Beginnen Sie mit einigen gemeinsamen Beispielen an der Tafel. Thematisieren Sie dabei auch die Lösungen: Wie verändert sich das Ergebnis, wenn ich die Aufgabe immer nach einem bestimmten System verändere? Anschließend entwickeln die Schüler selbstständig oder mit einem Partner neue Päckchen.

Variante: Bieten Sie verschiedene Aufgabenstellungen zur Differenzierung an. Die leistungsschwächeren Schüler entwickeln z. B. nur Additionsaufgaben, bei denen sich einer der Summanden nach einem bestimmten System verändert, oder Sie geben ihnen Päckchenanfänge vor, die sie weiterführen. Die leistungsstärkeren Schüler können eine ganze „Schulbuchseite" mit verschiedenen Aufgaben erfinden.

Beispiele:

$10 + 1 = 11$	$100 - 100 + 10 - 5 = 5$	
$9 + 2 = 11$	$99 - 99 + 9 - 4 = 5$	
$8 + 3 = 11$	$88 - 88 + 8 - 3 = 5$	
$7 + 4 = 11$	$77 - 77 + 7 - 2 = 5$	*usw.*

Tipp: Vereinbaren Sie folgende Regel: Es dürfen nur Aufgaben erfunden werden, die die Schüler selbst lösen können.

Und wenn noch Zeit übrig ist …,

spielen Sie das Spiel *„Gemeinsam zum Ziel"* (S. 116).

Zahlenfolgen

Die Schüler sollen herausfinden, wie eine Zahlenreihe fortgesetzt wird, indem sie überlegen, in welchem Verhältnis die Zahlen zueinander stehen.

Klasse 1/2

Zeit: 45 Minuten

Material: Rechenhefte, Stifte

So geht's: Geben Sie den Schülern die Zahlenfolge der sogenannten Dreieckszahlen (1–3–6–10) vor. Bei dem Prinzip der Dreieckszahlen wird der zweite Summand jeweils um 1 erhöht und mit dem vorangegangenen Ergebnis addiert:

0 + 1 = 1 ▸ 1 + 2 = 3 ▸ 3 + 3 = 6 ▸ 6 + 4 = 10 *usw.*

Lassen Sie die Schüler erst einige Zeit selbst überlegen, in welchem Verhältnis die Zahlen zueinander stehen und wie die Reihe fortgesetzt werden könnte.
Besprechen Sie dann gemeinsam die Ideen der Schüler.
Anschließend setzen sie (sofern sie den Zahlenraum bereits beherrschen) die Reihe selbstständig fort.
Wer schafft es am weitesten?

Und wenn noch Zeit übrig ist ...,
entwickeln die Schüler eigene Zahlenreihen.

Zähl mal!

In dieser Stunde steht das Zählen im Mittelpunkt.

Klasse 1/2

Zeit: 45 Minuten

Material: Gegenstände im Klassenraum, ggf. Rechenhefte und Stifte

So geht's: Die Schüler schauen sich im Klassenraum um und überlegen, was sie zählen könnten (z. B. Stecknadeln in der Pinnwand, Stifte im Etui, Seiten im Rechenheft usw.). Wer schon schreiben kann, schreibt seine Ideen auf.
Anschließend beginnen sie mit dem Zählen und schreiben ihre Ergebnisse in ihr Rechenheft. Jeder sollte etwa 10 verschiedene Dinge zählen. Danach vergleichen und sortieren sie ihre Ergebnisse: Wovon gibt es am meisten? Wovon am wenigsten? Wovon gibt es gleich viel?

Variante: Suchen Sie aus einer Zeitschrift oder einem Kinderbuch ein Bild heraus, auf dem viel zu sehen ist, z. B. ein Wimmelbild. Kopieren Sie es auf eine Folie und betrachten Sie es mit den Schülern gemeinsam. Was kann man hier alles zählen?

Und wenn noch Zeit übrig ist ..., sprechen Sie mit den Schülern gemeinsam folgenden Countdown-Vers und machen dazu die passenden Bewegungen:

10 – *Helme aufsetzen*
9 – *anschnallen*
8 – *Gurte festziehen*
7 – *Instrumente prüfen*
6 – *noch mal aufs Klo*
5 – *zu spät, geht nicht mehr*
4 – *Visier zu*
3 – *aufrecht hinsetzen*
2 – *tief durchatmen*
1 – *Startknopf drücken*
uuuuund ***Abflug*** *in die Pause!!!*

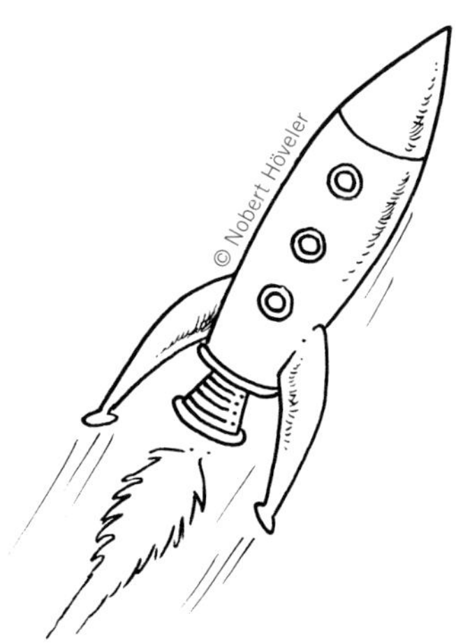

Muster in 20er-Feldern

Die Schüler gestalten in dieser Übung ihr eigenes 20er-Feld, mit dem sie dann verschiedene Übungen durchführen können.

Klasse 1/2

Zeit: 45 Minuten

Material: Arbeitsblatt mit 20er-Feldern oder Rechenhefte, Buntstifte

So geht's: Die Schüler erhalten ein Arbeitsblatt mit mehreren 20er-Feldern oder teilen sie in ihrem Heft ab. Anschließend gestalten sie mit Buntstiften Muster, indem sie die einzelnen Kästchen bunt anmalen. Die Muster sollten möglichst regelmäßig sein. Am einfachsten ist es, wenn nur zwei Farben verwendet werden; je mehr Farben, desto schwieriger.

Variante: Leistungsstärkere Schüler können auch ein 100er-Feld gestalten. Geben Sie leistungsschwachen Schülern bestimmte Muster vor, die sie fortsetzen bzw. von einer Vorlage übertragen.

Und wenn noch Zeit übrig ist ..., übertragen Sie folgendes Sudoku an die Tafel, das die Schüler gemeinsam nach den bekannten Regeln lösen: Jede Zahl (von 1–4) darf in jeder Zeile, Spalte und jedem Mini-Quadrat nur einmal vorkommen.

4		2	3
		4	
	4	3	
3	2		4

Zahlenkarten gestalten

In dieser Stunde gestalten die Schüler selbst Zahlenkarten. Durch das Gestalten wird den Schülern ein ganzheitlicher Zugang zu den Ziffernformen ermöglicht. Zudem lassen sich die Zahlenkarten für viele Spiele und Übungen verwenden.

Klasse 1

Zeit: 45 Minuten

Material: 10 verschiedenfarbige Tonkarton-Blätter für jeden Schüler (DIN A5), bunte Stifte, ggf. Klebestifte und Bastelmaterial aus der Restekiste

So geht's: Jeder Schüler erhält 10 Blätter. Auf jedes Blatt schreibt er eine Zahl von 1–10. Anschließend werden die Zahlen bunt gestaltet.

Variante: Wenn Sie Zeit zum Vorbereiten haben, drucken Sie große Zahlen-Umrisse auf die farbigen Papiere und kopieren Sie sie für die Schüler. Diese malen die Zahlen dann bunt an oder bekleben sie mit Materialien, wie Papierstückchen, Pailletten o. Ä.

Und wenn noch Zeit übrig ist …,

spielen Sie das Spiel *„Wie viele Laute?"* (S. 126)

Zahlenknobeleien

Hier sollen die Schüler Zahlenrätsel lösen und sich anschließend selbst welche ausdenken.

Klasse 1–4

Zeit: 45 Minuten

Material: Rechenhefte, Stifte

So geht's: Stellen Sie den Schülern Zahlenknobeleien nach folgendem Schema:

Meine Zahl hat 4 Zehner und halb so viele Einer.

Meine Zahl hat 8 Zehner und gar keine Einer.

Meine Zahl hat 2 Zehner und doppelt so viele Einer.

Meine Zahl ist größer als 40 und kleiner als 42.

Meine Zahl ist kleiner als 79 und größer als 77.

Je nach Klassenstufe oder Leistungsstand können Sie den Schwierigkeitsgrad entsprechend anpassen. Anschließend denken sich die Schüler selbst Zahlenknobeleien aus, die am Ende der Stunde von den anderen Schülern gelöst werden.

Und wenn noch Zeit übrig ist …, spielen Sie das Spiel *„Mathebingo“* (S. 121).

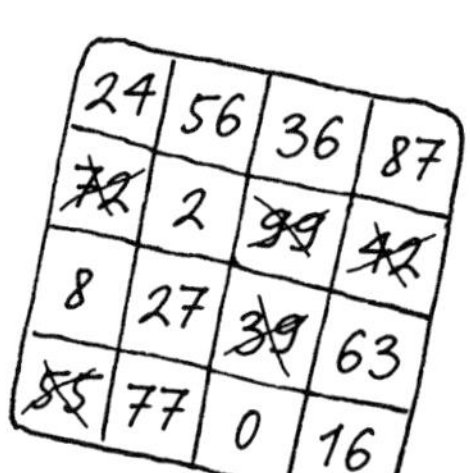

Die verzauberte Schildkröte

In dieser Stunde entdecken die Schüler Zauberquadrate mithilfe einer Rechengeschichte.

Klasse 3/4

Zeit: 45 Minuten

Material: Rechenhefte, ggf. Kopien von Schildkröten, die jeweils ein Quadrat mit 9 Feldern enthalten

So geht's: Zeichnen Sie an die Tafel den Panzer einer Schildkröte (von oben gesehen). Darauf zeichnen Sie ein Neunerfeld und in jedes Feld ein (fiktives) ägyptisches Zeichen. Die Schüler werden Ihnen gespannt beim Zeichnen zusehen, spekulieren und von selbst zur Ruhe kommen. Was könnten die Zeichen bedeuten?

Erzählen Sie ihnen anschließend folgende Geschichte:

Vor vielen, vielen Jahren entdeckte der ägyptische Pharao vor seiner Pyramide eine Schildkröte. Auf ihrem Panzer trug sie seltsame Zeichen. Was könnte das bedeuten? Er hob die Schildkröte auf und betrachtete sie genauer. Plötzlich sprach die Schildkröte:

„Ich bin eine verzauberte Schildkröte. Auf meinem Panzer trage ich ein großes Geheimnis. Nur wer es löst, wird weiterhin auf

⇨

Ägyptens Thron bleiben können und über große Schätze und Reichtümer verfügen."

Der Pharao erschrak so sehr, dass er rücklings in den Sand fiel. Als er sich wieder gefasst hatte, fragte er die Schildkröte: „Was ist das für ein Rätsel?" Die Schildkröte erwiderte: „Die Quadrate auf meinem Rücken sind verzaubert. Alle Zahlen, die in einer Reihe von links nach rechts, von oben nach unten oder diagonal durch die Mitte stehen, ergeben zusammen 15. Finde heraus, welche Zahlen es sind."

Der Pharao ließ sofort alle seiner Berater kommen, um das Rätsel zu lösen – doch keiner konnte ihm helfen. So schickte er Gesandte in alle Welt und setzte eine hohe Belohnung für die Lösung aus. Doch bis heute hat keiner das Geheimnis der verzauberten Schildkröte entdeckt.

Können die Schüler dem Pharao helfen und das Rätsel lösen?

Tipp: Es gibt verschiedene Lösungen. Um auf die Summe 15 zu kommen, steht in der Mitte immer die 5:

6	7	2
1	5	9
8	3	4

4	3	8
9	5	1
2	7	6

2	9	4
7	5	3
6	1	8

Und wenn noch Zeit übrig ist ..., schreiben die Schüler einen kleinen Brief an den Pharao, dass sie die Lösung gefunden haben und welche Lösungen es gibt. Außerdem können die Schüler eigene Zauberquadrate erfinden. *Hinweis:* Die Zahl in der Mitte muss größer als fünf sein.

Mathe-Fußball

Dieses Spiel eignet sich besonders zur Festigung der Grundrechenarten.

Klasse 1–4

Zeit: 45 Minuten

Material: keins

So geht's: Zeichnen Sie ein Schema ähnlich dem folgenden an die Tafel:

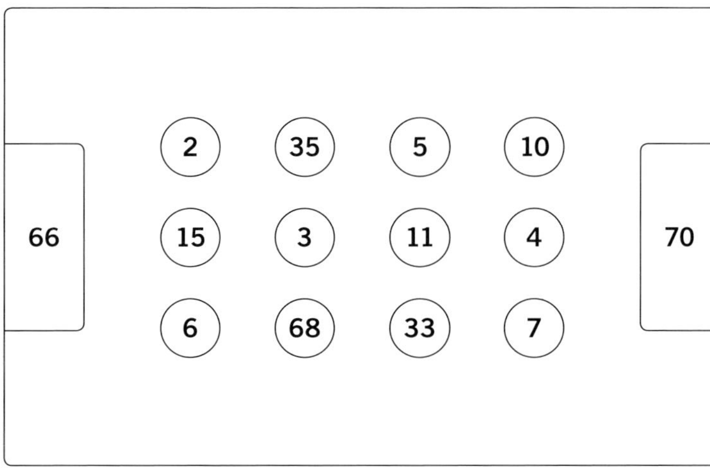

Teilen Sie die Klasse in 2 Teams und beginnen Sie mit einer Startzahl (z. B. 2). Ein Spieler von Team A beginnt nun und führt eine beliebige Rechenoperation durch (z. B. $2 \cdot 11 = 22$). Ein Spieler von Team B rechnet nun mit dem Ergebnis weiter (z. B. $22 \cdot 3 = 66$). Ziel ist es, auf das Ergebnis im Tor des Gegners zu kommen. Wer schafft die meisten Tore?

Tipp: Wählen Sie die Zahlen entsprechend dem Leistungsstand und dem erarbeiteten Zahlenraum der Schüler. Sie können die Anzahl der Zahlen auch verringern.

Und wenn noch Zeit übrig ist …, erstellen die Schüler in Partnerarbeit oder zu viert selbst ein Spielfeld und spielen das Spiel.

Sachunterricht

Hier finden Sie einige Ideen für den Sachunterricht, die man immer wieder zwischendurch einsetzen kann.

© Herjua – Fotolia.com

Helle und dunkle Kleidung im Straßenverkehr

Klasse 1/2

Gerade in der dunklen Jahreszeit ist helle Kleidung im Straßenverkehr besonders wichtig, um Kinder vor Unfällen zu schützen. In dieser Stunde erfahren die Schüler anschaulich, weshalb helle Kleidung so wichtig ist.

Zeit: 45 Minuten

Material: bunte Stifte, Scheren, Klebestifte, für jeden Schüler ein DIN-A4-Bogen schwarzes Tonpapier, für jeden Schüler 2 Umrisszeichnungen „Junge“ oder „Mädchen“ (ca. DIN A5)

So geht's: Sprechen Sie zunächst mit den Kindern über die richtige Kleidung im Straßenverkehr. Anschließend erhalten die Schüler die Umrisszeichnungen. Die eine malen sie mit hellen, knalligen Farben an, die andere mit dunklen Grau- und Brauntönen. Anschließend schneiden sie die Umrisse aus und kleben sie auf schwarzes Tonpapier. Vor dem dunklen Hintergrund wird man den Unterschied besonders deutlich sehen.

Variante: Zeigen Sie zum Einstieg ein Bild von einem Kind (z. B. auf dem Fahrrad), das in ganz dunklen Farben gekleidet ist. Lassen Sie die Kinder überlegen, warum das gefährlich sein kann und was man verbessern kann: helle Kleidung, Reflektoren ...

Tipp: Statt einer Umrisszeichnung können die Schüler auch eine eigene Zeichnung von einem Kind anfertigen. Achten Sie darauf, dass die Zeichnungen nicht zu klein werden.

Und wenn noch Zeit übrig ist ..., verdunkeln Sie den Raum und leuchten mit einer Taschenlampe. So wird man sehr gut die Reflektorstreifen an den Schulranzen erkennen.

Schatzsuche in der Natur

Gehen Sie mit den Schülern auf Schatzsuche in der Natur. Ziel ist es, die Phänomene in der Natur bewusster wahrzunehmen.

Klasse 1–4

Zeit: 45 Minuten

Material: für jeden Schüler eine kleine Plastiktüte (z. B. Gefrierbeutel) oder ein kleines Gefäß, eine Liste mit Aufgaben

So geht's: Die Schüler bekommen eine Liste mit Aufgaben und eine Plastiktüte. Dann gehen sie auf Suche und sammeln auf dem Schulhof Dinge von ihrer Aufgabenliste, z. B.:

- **Etwas, mit dem du schreiben kannst.**
- **Etwas, wo ein Käfer leben könnte.**
- **Etwas, das ein Tier essen könnte.**
- …

Anschließend werden die Fundstücke im Stuhlkreis in der Klasse besprochen und ausgewertet.

Tipp: Sprechen Sie vorher mit der Schulleiterin, ob Sie mit der Klasse während der Unterrichtszeit auf den Schulhof gehen können. Vereinbaren Sie vorher mit den Schülern Verhaltensregeln, z. B. im Schulgebäude nicht rennen und sprechen, das Schulgelände nicht verlassen usw. Vereinbaren Sie ein Signal, um sich wieder vor dem Gebäudeeingang zu versammeln.

Und wenn noch Zeit übrig ist …, suchen die Schüler besondere Fundstücke aus, die im Klassenraum ausgestellt werden können. Die anderen werden wieder in die Natur zurückgebracht.

Stolpersteine und Wunschwolken

Klasse 2–4

In dieser Stunde entwickeln die Schüler Ideen, wie die Klassen- bzw. Schulsituation gemeinsam verbessert werden könnte.

Zeit: 45 Minuten

Material: graues und weißes Tonpapier oder Kopien mit großen Steinen und Wolken, Stifte, Scheren, evtl. DIN-A2-Karton, Klebeband

So geht's: Beginnen Sie im Stuhlkreis mit einem Gespräch über Dinge, die die Schüler in der Klasse/Schule stören: die Stolpersteine. Lassen Sie zunächst alle Aussagen zu, auch Argumente wie „Hausaufgaben" oder „Klassenarbeiten". Anschließend formulieren die Schüler Wünsche und Verbesserungsmöglichkeiten. Lassen Sie bei dem Gespräch einen „Stolperstein" herumgehen: Nur wer den Stein hat, darf sprechen. Nach dem Gespräch erhält jeder Schüler eine Kopie mit Wolken und Steinen bzw. schneidet sie aus dem Tonpapier aus und schreibt seine persönlichen „Stolpersteine" und Wünsche darauf. Nun werden die Steine und Wolken auf je einem Plakat zu einer Collage zusammengeklebt. Die Collagen dienen als Grundlage für ein abschließendes Gespräch: Welche der Stolpersteine lassen sich aus dem Weg räumen? Wie? Sind es alles echte Stolpersteine? Welche Wunschwolken lassen sich realisieren? Wie?

Tipp: Natürlich kann in einer Vertretungsstunde die Klassen- und Schulsituation nicht vollständig verändert werden. Aber durch das gemeinsame Überlegen wird das Bewusstsein dafür gestärkt. Im Klassenraum oder auf dem Flur aufgehängt, kann die Collage Grundlage sein für weiterführende Stunden. Diese Stunde kann auch schon mit Erstklässlern durchgeführt werden, die, wenn sie noch nicht ausreichend schreiben können, ihre Wünsche und Kritik auf die Steine bzw. Wolken malen.

Und wenn noch Zeit übrig ist …, wählen die Schüler gemeinsam einen Platz für die Collagen aus und hängen sie auf.

Wie meine Uroma geschrieben hat – Wir lernen Sütterlin

Ob als Nostalgie- oder Geheimschrift – fremde Schriftarten sind für Kinder sehr spannend.

Klasse 3/4

Zeit: 45 Minuten

Material: für jeden Schüler eine Kopie vom Sütterlin-Alphabet (Internet), Schreibblätter, Stifte

So geht's: Üben Sie selbst ein wenig und schreiben Sie einen Satz in Sütterlin an die Tafel. Wer schafft es, ihn zu lesen? Kommt jemandem die Schrift bekannt vor?
Anschließend erhalten die Schüler das Alphabet und machen selbst ein paar Schreibübungen; erst einzelne Buchstaben, dann ihren Namen oder sogar einen kleinen Text.
Schaffen die anderen es, ihn zu lesen?

Und wenn noch Zeit übrig ist ..., fertigen die Schüler ein Namensschild in Sütterlinschrift an und gestalten es.

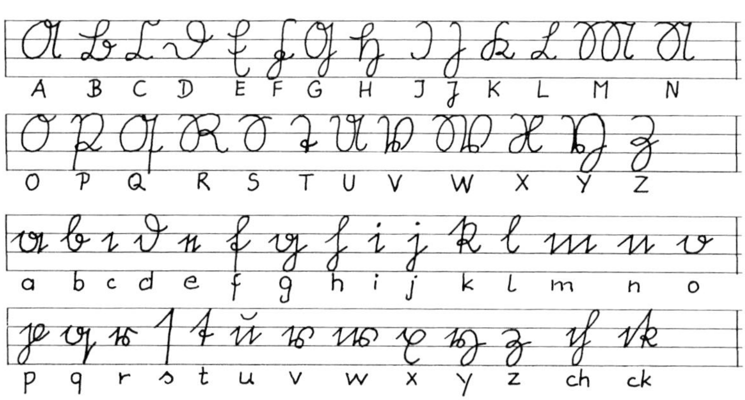

Meine Wunder-Plunder-Maschine

Klasse 2–4

Die Kinder erfinden eine Maschine, die ihnen ihre Wünsche erfüllen kann – die Wunder-Plunder-Maschine.

Zeit: 45 Minuten

Material: Zeichenblätter, Stifte

So geht's: Erarbeiten Sie mit den Schülern an der Tafel Dinge, die die Schüler gerne ändern würden oder die sie sich wünschen. Je nach Klasse und Altersstufe können die Wünsche sehr unterschiedlich sein, von „keine Hausaufgaben mehr“ bis zu „Trinkwasser und Nahrung für alle Menschen auf der Welt“.
Anschließend werden die Schüler zu Erfindern: Jeder erfindet auf seinem Blatt eine Maschine, die seine Wünsche erfüllen kann, z. B. eine Maschine, die in der Wüste aus Sand Wasser macht usw. Sie zeichnen die Maschine nach ihren Vorstellungen, geben ihr einen Namen und schreiben die Funktionen daneben.

Variante: Auch in der 1. Klasse können die Schüler schon Maschinen erfinden! Lassen Sie sie zeichnen und mündlich erzählen, was ihre Maschine kann.

Und wenn noch Zeit übrig ist …, stellen die Schüler ihre Maschinen vor. Die beste wird ausgewählt und erhält eine kleine Prämie.

Wir machen Werbung

In dieser Stunde sollte der Schwerpunkt darauf liegen, den Kindern bewusst zu machen, dass Werbung manipulieren kann.

Klasse 3/4

Zeit: 45 Minuten

Material: eine auf Folie kopierte Werbeanzeige, mit Kinderwerbung (z. B. aus einer Kinderzeitschrift), Overheadprojektor, Stifte, Schreibpapier

So geht's: Zeigen Sie den Kindern die Werbeanzeige und sprechen Sie zunächst darüber:

- **Wofür wird geworben?**
- **Was ist auf den Bildern zu sehen?**
- **Werden falsche Versprechungen gemacht?**
- **Wie schafft die Werbung es, dass man das Produkt unbedingt haben möchte?**

Anschließend gestalten die Schüler ihre eigene Anzeige für ein Produkt ihrer Wahl. Dabei versuchen sie, möglichst viele der erarbeiteten Kriterien umzusetzen.

Variante: Bringen Sie alte Zeitschriften mit. Die Kinder schneiden Slogans und „falsche Versprechungen" aus und gestalten damit eine Collage zum Thema *„So manipuliert uns die Werbung"*.
Die Schüler sammeln in der Werbung lauter Superlative und andere „verführende" Adjektive und erstellen daraus eine Werbewörterliste.

Und wenn noch Zeit übrig ist ..., suchen sich die Schüler einen alltäglichen Gegenstand und versuchen, ihn vor der Klasse allen anzupreisen, z. B. einen alten, angekauten Bleistift:
Dieser wundervolle, kunstvoll gestaltete, individuelle Bleistift aus Wurzelholz des 19. Jahrhunderts ist ein Muss für alle Schüler ... Mit originalen Bissspuren des berühmten Dichters Johann Wolfgang von Goethe ...

Schulranzen-Check

Das Problem zu schwerer Schulranzen ist so alt wie die Schule selbst. Viele Ranzen sind zudem unordentlich, enthalten viel zu viel Überflüssiges oder sind sogar kaputt. Machen Sie mit den Schülern den Ranzen-Check!

Klasse 1–4

Zeit: 45 Minuten

Material: Kopien einer selbst gestalteten „Schulranzen"-Prüfplakette, Stifte, evtl. Laminiergerät oder selbstklebende Folie

So geht's: Die Schüler räumen zunächst ihre Materialien auf den Tisch. Dann wird geprüft: Was gehört in den Ranzen? Was kann zu Hause oder in der Schule bleiben? Ist das Etui aufgeräumt? Werden Speisen und Getränke getrennt von den Büchern aufbewahrt?

Anschließend geht es um den Ranzen selbst: Hat er Reflektoren und bunte Farben (Sicherheit im Straßenverkehr)? Ist er nicht breiter als der Rücken der Kinder? Sitzt er gerade und dicht am Rücken? Drückt er nicht? Wenn alle Mängel behoben sind, dürfen die Schüler ihre Prüfplakette anmalen, ausschneiden, ggf. einlaminieren und in das Sichtfenster ihres Ranzens stecken.

Tipp: Es gibt auch Schüler, die bereits in der Grundschule mit einem Rucksack, z. B. in Schwarz, zur Schule kommen.
Sprechen Sie mit den Kindern darüber, warum ein richtiger Schulranzen für sie besser ist.

Und wenn noch Zeit übrig ist ..., wählen die Schüler den Schulranzen des Jahres.

Sport

Sport unterrichten ist besonders für fachfremde Lehrer immer wieder eine Herausforderung. Wenn Sie selbst nicht im Fach Sport ausgebildet sind, besteht meist die Möglichkeit, dass die Vertretung in einem anderen Fach stattfindet. Das bedeutet dann aber auch, dass die ohnehin schon wenigen Sportstunden für die Schüler ausfallen.

Mehr Bewegung ist die Forderung der aktuellen bildungspolitischen Diskussion – und Sportunterricht muss nicht immer auch gefährlich oder aufwändig sein. Hier finden Sie einige Ideen für Spiel- und Sportstunden, die garantiert jeder sicher durchführen kann. Die einzelnen Spiele und Übungen lassen sich beliebig miteinander kombinieren.

© rbkelle – Fotolia.com

Rhythmusschule: laufen, springen, hüpfen

Diese Übung schult das Rhythmusgefühl und die motorische Koordination der Schüler und dient als Aufwärmübung.

Klasse 1–4

Zeit: 15 Minuten

Material: ein Tamburin oder etwas anderes, mit dem man den Takt schlagen kann

So geht's: Die Schüler verteilen sich am Rand der Turnhalle.
Sie suchen sich gezielt einen Punkt aus, den sie gleich erreichen wollen. Dabei ist alles außer gehen erlaubt. Klopfen Sie einen bestimmten Takt auf dem Tamburin und geben Sie eine Bewegungsart vor: Hüpfen, Springen, Hopserlauf, auf einem Bein hüpfen usw. Die Schüler bewegen sich im Takt und versuchen, auf gerader Linie ihren Punkt zu erreichen. Achtung: Wenn ein Zusammenstoß droht, muss ein Schüler auf der Stelle hüpfen.

Variante: Die Schüler dürfen die Bewegungsform selbst auswählen.

Tipp: Ältere Schüler können den Takt auch selbst schlagen.

Atomspiel

Dieses Spiel dient als Aufwärmtraining und schult auch das Sozialverhalten der Kinder.

Klasse 1–4

Zeit: 10–15 Minuten

Material: keins

So geht's: Die Schüler verteilen sich und laufen durch die Turnhalle. Nennen Sie eine Zahl, möglichst einen Teiler der Klassengröße (Beispiel: Bei 24 Kindern bieten sich die Zahlen 3, 4, 6 und 8 an). Die Kinder sollen so schnell wie möglich versuchen, sich mit der entsprechenden Anzahl an Kindern zusammenzufinden und sich an den Händen zu fassen. Das Atom ist nun vollständig. Prüfen Sie alle Atome. Stimmt die Anzahl nicht, muss dieses „Atom" eine kleine Extraübung machen, z. B. Liegestütz oder eine kleine Runde laufen.

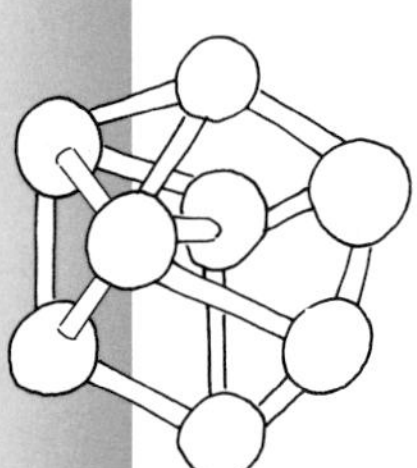

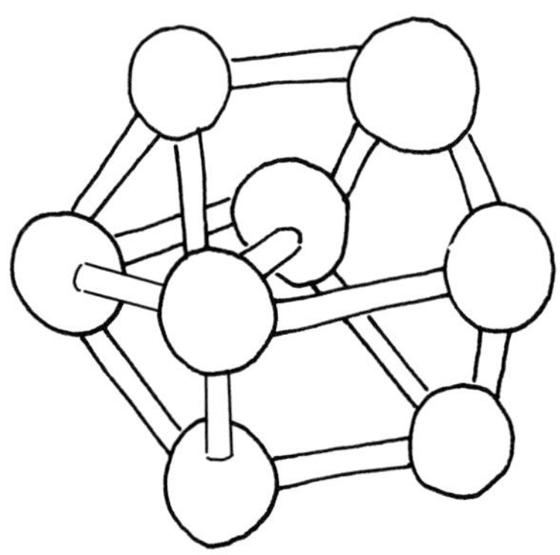

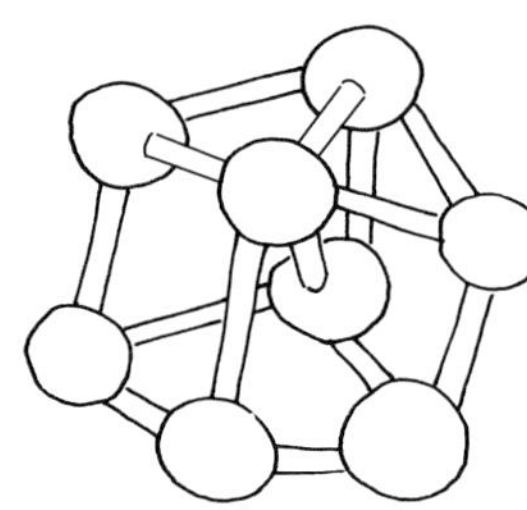

Variante: Nennen Sie Zahlen, die nicht Teiler der Klassengröße sind. Oder nehmen Sie ganz große Zahlen bzw. die Klassengröße selbst.

Luftballon

Klasse 1–4

Mit Luftballons kann man viele verschiedene Spiele spielen. Vorteilhaft ist, dass man Luftballons immer problemlos mitnehmen kann. Es bietet sich an, immer ein paar in der Tasche zu haben, denn nicht alle Turnhallen sind vorteilhaft ausgestattet. Hier sind einige Ideen.

Zeit: 10–45 Minuten

Material: Luftballons mindestens in Klassenstärke

So geht's: Jeweils zwei Kinder haben einen Ballon und spielen ihn sich gegenseitig zu. Dabei darf er nicht auf den Boden fallen. Das bedeutet, die Kinder müssen gegenseitig Rücksicht nehmen. Dabei können sie auch zählen, wie viele Schläge lang sie das schaffen.

Varianten:

- Jedes Kind versucht, seinen eigenen Ballon lange in der Luft zu halten.
- Mehrere Kinder stellen sich in einem Kreis auf. Alle versuchen, den Ballon in der Luft zu halten. Dabei sollen sie darauf achten, die Kreisformation immer wieder herzustellen.

Und wenn noch Zeit übrig ist ...,

sollen sich die Kinder eigene Übungsformen mit dem Luftballon überlegen.

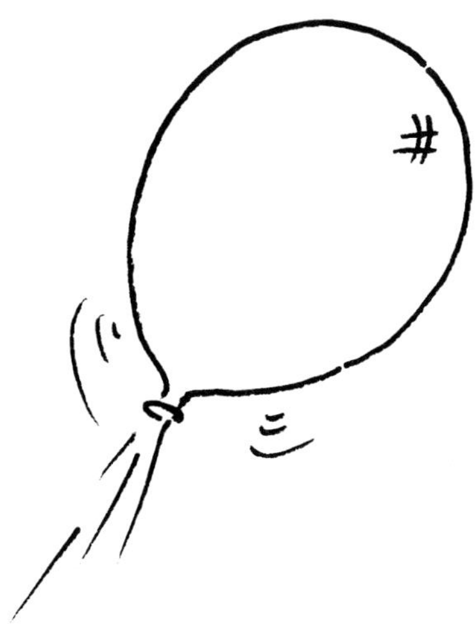

Eigene Sportstunde

Die Kinder überlegen sich selbst einen (Hindernis-)Parcours und dürfen diesen vorstellen.

Klasse 1–4

Zeit: 45 Minuten

Material: alle Materialien, die in der Turnhalle zur Verfügung stehen, vor allem Matten, Kegel, Bälle, Bänke usw.

So geht's: Die Schüler bilden kleine Gruppen. Jede Gruppe bekommt Materialien, Geräte und einen Bereich der Turnhalle zur Verfügung gestellt. Dort sollen die Schüler sich einen kleinen Parcours überlegen, auch mit Regeln, die für ihren Parcours wichtig sind. Dann stellt jede Gruppe ihre Ideen vor.

Variante: Jede Gruppe erhält unterschiedliche Materialien, mit der sie eine Sportstunde gestalten soll, z. B. Kegel für die eine Gruppe, Bälle für die andere usw.

Und wenn noch Zeit übrig ist …,

probieren die Kinder jeden Parcours selbst aus.

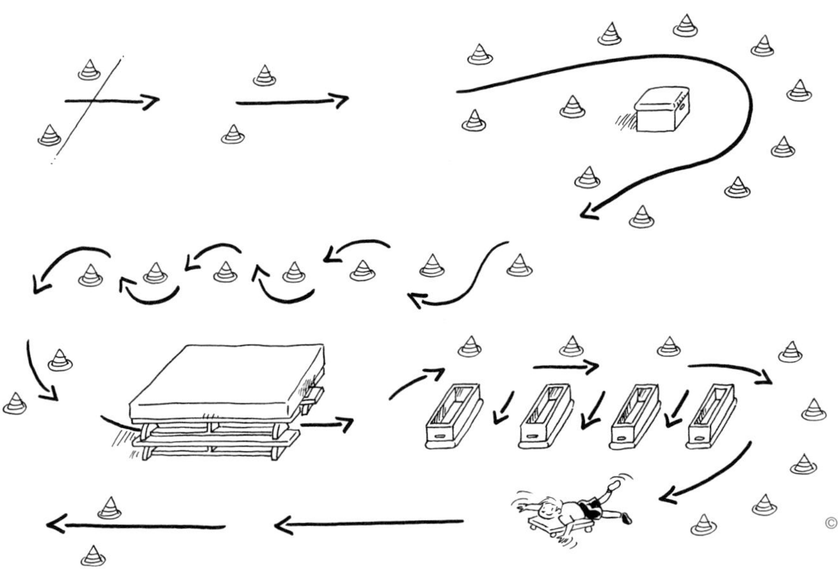

Kunst

Manchmal können Sie an eine Kunststunde anknüpfen und die Kinder bearbeiten ihre Projekte weiter. Wenn gerade ein Projekt abgeschlossen ist oder Sie das entsprechende Projekt nicht fortführen können, schieben Sie eine Kunststunde ein, die nicht so aufwändig ist. Wichtig im Kunstunterricht ist vor allem, dass Sie Ideen für schnell arbeitende Schüler auf Lager haben.

Collagen mit der Mola-Technik

Klasse 1–4

Die Mola-Technik ist ein altes Handwerk der Kuna-Indianer. Es ist eine Negativ-Applikationstechnik, bei der verschiedene Lagen übereinandergeschichtet werden.

Zeit: 45 Minuten

Material: verschiedenfarbiges (Ton-)Papier im Format DIN A5 oder DIN A4 (für jeden Schüler ca. 4 Bögen), Scheren oder Prickelnadeln, Klebestifte, 3 verschieden große Schablonen eines Motivs (z. B. Wolke, Blume, Fisch ...)

So geht's: Die Schüler erhalten verschiedenfarbige Bögen festes Papier. Auf das erste Blatt zeichnen sie den Umriss der kleinsten Schablone. Anschließend stechen sie vorsichtig mit der Schere in das Motiv und schneiden es aus. Dann folgt dasselbe mit der nächstgrößeren und schließlich mit der größten Schablone. Zum Schluss werden die einzelnen Schichten übereinander auf einen weiteren Bogen geklebt, wobei das Blatt mit dem kleinsten Motiv unten, das mit dem größten oben ist.
So entsteht ein toller Effekt.

Tipp: Wenn Sie keine Schablone zur Verfügung haben, können die Schüler auch mit eigenen Formen experimentieren. Kleinere Kinder sollten nicht mit der Schere, sondern mit einer Prickelnadel arbeiten.

Und wenn noch Zeit übrig ist ..., können die Kinder ihr Werk verzieren, indem sie es z. B. mit bunten Tonpapierresten bekleben oder es bemalen.

Einen Buchumschlag gestalten

Jeder Schüler bastelt einen eigenen Umschlag für sein Lieblingsbuch.

Klasse 2–4

Zeit: 45 Minuten

Material: einige Buchumschläge von Kinderbüchern, weißes, etwas festeres Papier (DIN A3), Buntstifte, transparentes Klebeband oder Klebestifte

So geht's: Bringen Sie einige Buchumschläge mit in den Unterricht und besprechen Sie sie mit den Schülern. Wie sind Sie gestaltet? Welche Elemente enthalten sie? Sammeln Sie die Ergebnisse an der Tafel. Anschließend teilen Sie das Papier aus und jeder Schüler bastelt einen eigenen Umschlag.

Variante: Da die Lieblingsbücher oft sehr unterschiedliche Formate haben, bietet es sich an, einen Umschlag für ein DIN-A5-Schulheft zu gestalten, z. B. für das Geschichtenheft der Schüler.

Tipp: Statt sie bunt zu bemalen, können die Umschläge auch mit verschiedenen Materialien beklebt werden, z. B. mit Zeitschriftenausschnitten, Stoffresten oder buntem Papier.

Und wenn noch Zeit übrig ist …, präsentieren die Schüler ihre Umschläge.

Musik

Sie können weder singen noch Noten lesen und Orff-Instrumente halten Sie für Chirurgenbesteck? Macht nichts. Auch wenn man fachfremd ist, kann man mit wenigen Mitteln eine gelungene Musikstunde halten.

Ein paar Ideen finden Sie auf den nächsten Seiten, für weitere empfehle ich Ihnen das Buch *„Aber ich kann doch gar nicht singen! Musik unterrichten für Unmusikalische“* (siehe Literaturhinweise, S. 150).

© micromonkey – Fotolia.com

Hohe und tiefe Töne

Hier lernen die Schüler, hohe und tiefe Töne zu unterscheiden.

Klasse 1/2

Zeit: 45 Minuten

Material: für jeden Schüler einen dicken Strohhalm, Schere

So geht's: Die Kinder schneiden ihren Strohhalm mit der Schere in zwei unterschiedlich lange Teile. Dann schneiden sie eine Spitze in den Strohhalm (siehe Skizze rechts).

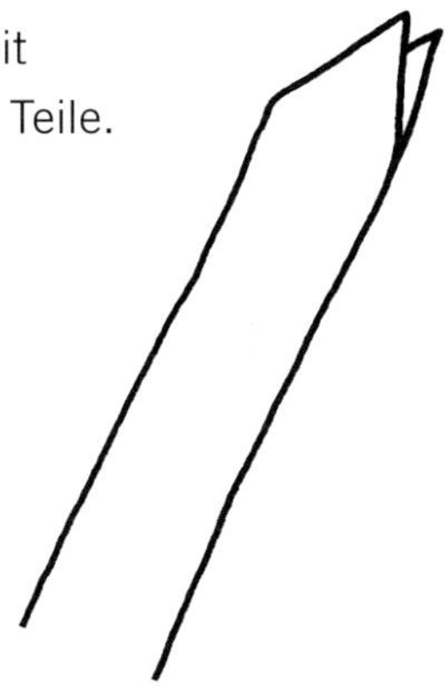

Nun pusten die Kinder in die Spitze hinein und versuchen, einen Ton zu erzeugen. Am Anfang ist es gar nicht so einfach, dem Halm einen Ton zu entlocken. Je nachdem, wie lang der Strohhalm ist, gibt es einen entsprechend hohen oder tiefen Ton. Damit sollen die Kinder zunächst experimentieren.
Veranstalten Sie mit den Kindern ein Konzert: Sie sind der Dirigent, der angibt, ob das „Orchester" hohe Töne oder tiefe Töne spielt. Dazu können Sie die Klasse in 2 Gruppen einteilen oder die Kinder wechseln alle zwischen den beiden Strohhalmen hin und her.

Variante: Probieren Sie ein Konzert mit 3 unterschiedlich hohen Tönen.

Und wenn noch Zeit übrig ist …, können einige Kinder das Konzert mit Orffschen Instrumenten o. Ä. begleiten.

Malen nach Musik

Klasse 1–4

Die Schüler malen zu einem ausgewählten Musikstück ein Bild.

Zeit: 45 Minuten

Material: Zeichenpapier im Format DIN A4 oder DIN A3, Buntstifte oder Wasserfaben, CD-Player, (klassisches) Musikstück

So geht's: Spielen Sie den Kindern das Musikstück vor, wenn nötig, mehrere Male. Anschließend malen die Kinder zu der Musik ein Bild.

Variante: Sie können diese Stunde auch im Kunstunterricht einsetzen.

Tipp: Treffen Sie sich mit den Kindern, denen nichts einfällt, im Stuhlkreis und versuchen Sie, gemeinsam Ideen für ein Bild zu entwickeln.

Und wenn noch Zeit übrig ist …, erzählen die Schüler zu ihren Bildern und was sie sich vorgestellt haben.

Lerntechniken

Man kann eine Vertretungsstunde auch wunderbar nutzen, um nicht Inhalte, sondern Lerntechniken zu vermitteln, die das Lernen erleichtern und die Kinder in ihrem Lernprozess unterstützen.

© Christian Schwier – Fotolia.com

Der lernfreundliche Arbeitsplatz

Klasse 1–4

Viele Schüler machen ihre Hausaufgaben vor dem Fernseher oder haben einen zu dunklen Arbeitsplatz in der Ecke des Kinderzimmers, auf dem sich alte Zeitschriften und Spielzeuge stapeln. Grund genug, dieses Problem in einer Vertretungsstunde einmal zu thematisieren.

Zeit: 45 Minuten

Material: Zeichenblätter, Stifte

So geht's: Erarbeiten Sie gemeinsam im Gespräch, was für das Lernen zu Hause (und in der Schule) gut ist und was das Lernen eher behindert. Erstellen Sie zusammen mit den Schülern eine Pro-und-Kontra-Liste. Beispiel:

Lern**topper**	Lern**stopper**
ein aufgeräumter Schreibtisch	*Unordnung*
ein ordentliches Ablagesystem mit Beschriftungen	*Fernseher*
viel Licht	*Zeitdruck*
keine störenden Geräte, Geschwister oder Lärm	*Müdigkeit*

Anschließend zeichnet jeder seinen persönlichen Lerntopper-Arbeitsplatz auf ein Zeichenblatt. Natürlich sind dabei auch Beschriftungen erlaubt, z. B. helle Lampe, „Bitte nicht stören"-Schild an der Tür usw.

Variante: Ein schöner Einstieg ist es, wenn Sie die Schüler mit einem Bild oder einer Geschichte selbst auf die Problematik aufmerksam werden lassen. Fotografieren Sie zu Hause z. B. einen überladenen Schreibtisch oder erzählen Sie von einem Kind Ihrer Nachbarschaft, das große Schwierigkeiten beim Lernen hatte, weil es sich an seinem Schreibtisch zwischen Computerspiel und Smartphone nicht mehr konzentrieren konnte.

Und wenn noch Zeit übrig ist ..., wählen die Schüler gemeinsam die 3 besten Arbeitsplätze aus und hängen sie im Klassenraum auf. Außerdem können die Schüler ein „Bitte nicht stören"-Schild für ihr Kinderzimmer gestalten.

7

Und wenn noch Zeit übrig ist ... – Kleine Ideen für zwischendurch

© Nobert Höveler

Kleine Übungen

In diesem Kapitel finden Sie kleine Übungen und Spielideen, mit denen Sie eine Vertretungsstunde eröffnen oder abschließen können.
Es ist auch möglich, sich aus den Ideen in diesem Kapitel ganze Stunden zusammenzustellen, die Sie sehr flexibel handhaben können.

Gemeinsam zum Ziel …

Bei diesen Aufgaben geht es darum, im Team mathematische Aufgaben zu lösen.

Klasse 2–4

Zeit: ca. 15 Minuten

Material: vorbereitete Mathematikaufgaben mit 3 Lösungsschritten

So geht's: Teilen Sie die Klasse in Gruppen mit je 4 Schülern ein.
Stellen Sie eine Aufgabe mit 3 Teilschritten.
Der erste Schüler jeder Gruppe schreibt die Aufgabe auf und reicht sie an den zweiten weiter.
Der zweite Schüler erarbeitet den ersten Schritt der Aufgabe und reicht sie wiederum weiter.
Der dritte Schüler erarbeitet den zweiten Teilschritt usw.
Welches Team die Aufgabe als erstes gelöst hat, ist Sieger.

Variante: Wenn ein Schüler in den vorigen Schritten einen Fehler findet, darf er ihn verbessern.

Tipp: Wenn Sie nicht genau wissen, auf welchem Leistungsstand sich die Schüler befinden, stellen Sie einfache Aufgaben zu den Grundrechenarten, z. B. $(48 + 6) : 6 : 3 = ?$

Übung zum Kopfrechnen

Klasse 1–4

Diese Übung verbindet Kopfrechnen und Bewegung.

Zeit: ca. 15 Minuten

Material: evtl. vorbereitete Kopfrechenaufgaben zu den Grundrechenarten, ein Gegenstand, z. B. ein Buch, ein Stofftier …

So geht's: Teilen Sie die Klasse in 2 Teams.
Die Schüler stellen sich mit einigem Abstand in 2 Reihen gegenüber auf.
Jeder Schüler erhält eine Nummer, der entsprechende Schüler gegenüber erhält dieselbe Nummer. In der Mitte zwischen den Schülern steht ein Tisch mit einem Gegenstand.
Stellen Sie eine Aufgabe. Die beiden Schüler, deren Nummer die Lösung ist, laufen los und versuchen, den Gegenstand zu stehlen. Wem es gelingt, erhält einen Punkt für seine Mannschaft.
Die Mannschaft mit den meisten Punkten siegt.

Variante: Um die Bewegungsfreiheit zu erhöhen, lässt sich dieses Spiel auch gut in der Turn- oder Pausenhalle oder auf dem Schulhof spielen.
Informieren Sie sich vorher bei Kollegen oder der Schulleiterin nach Nutzungszeiten und -regeln.

Reflexionsbogen

Selbstreflexion ist eine Kompetenz, deren Stellenwert sich in der Schule immer mehr erhöht. Umso wichtiger ist es, diese Fähigkeit mit den Schülern auch bewusst zu trainieren.

Klasse 2–4

Zeit: 10–15 Minuten

Material: Reflexionsbogen oder Tafelanschrieb mit den Fragen

So geht's: Teilen Sie am Ende der Stunde folgenden Reflexionsbogen aus oder schreiben Sie die Fragen an die Tafel:

- **Was sollte ich machen?**
- **Was habe ich gut gemacht?**
- **Was fiel mir schwer?**
- **Was würde ich beim nächsten Mal anders machen?**
- **Ich fand die Aufgabe gut/nicht so gut, weil …**

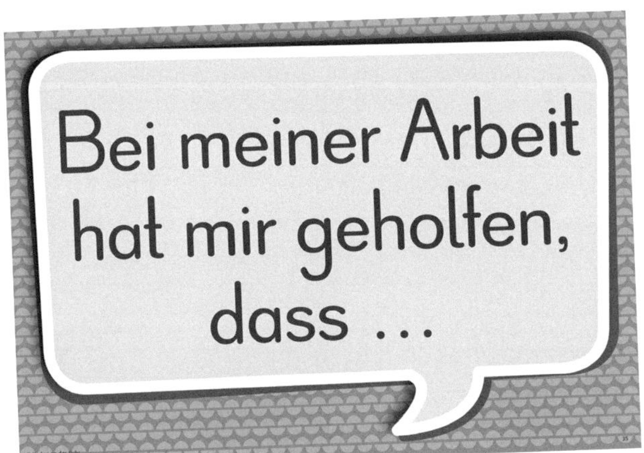

Beispiel einer Reflexionskarte aus: „Mir hat gut gefallen, dass …“ *– 88 Impulskarten für gezielte und begründete Reflexionen* Verlag an der Ruhr ISBN 978-3-8346-2309-6

Die Schüler beantworten die Fragen zunächst für sich. Anschließend dürfen die Schüler, die möchten, ihre Reflexion vorstellen. *Achtung:* Dazu sollte niemand gezwungen werden!

Variante: *Zielscheibenreflexion:* Zeichnen Sie eine große Zielscheibe mit 5 Ringen an die Tafel. Der äußerste Ring steht für „noch nicht so gut“, die Mitte für „perfekt“.

Fantasiesätze

Klasse 3/4

Die Kinder schreiben Fantasiesätze und üben sich im Gebrauch der Wortarten.

Zeit: 10–15 Minuten

Material: für jeden Schüler ein Schreibblatt, Stifte

So geht's: Die Schüler legen das Blatt längs vor sich und falten die Unterkante jeweils 2-mal auf die Oberkante. Anschließend wird das Blatt wieder aufgefaltet: Das Blatt ist nun in vier Spalten aufgeteilt. Nun schreibt jeder Schüler ein Nomen (mit Artikel) in die erste Spalte (z. B. Der Fliegenfischer) und gibt sie an seinen Nachbarn weiter. Der schreibt etwas in die zweite Zeile (z. B. küsst), knickt die erste nach hinten um und gibt das Blatt ebenfalls weiter. Der nächste Schüler sieht wiederum nur eine Spalte (küsst) und schreibt etwas dazu (z. B. den Frosch), knickt um und gibt weiter. Nach der letzten Spalte werden die Blätter aufgefaltet und die Sätze vorgelesen. Wer hat den lustigsten Quatschsatz?

Tipp: In leistungsstarken Klassen kann das Blatt auch 3-mal gefaltet werden – dann werden die Sätze umso länger.

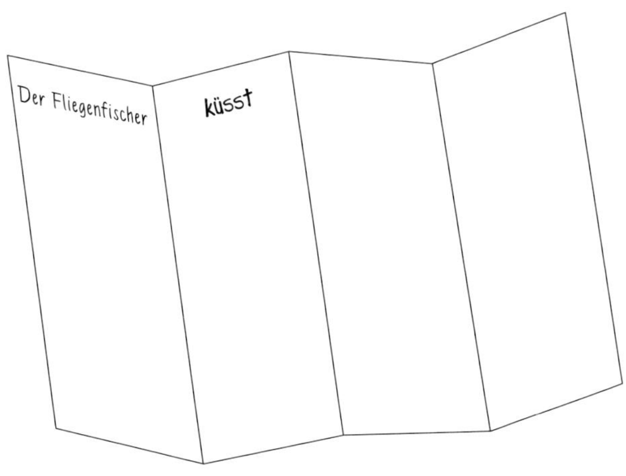

Wortschatzbingo

Wortschatzbingo dient der Festigung des erlernten Wortschatzes (nicht nur) im Fremdsprachenunterricht.

Klasse 3/4

Zeit: 10–15 Minuten

Material: für jeden Schüler ein Schreibblatt mit einem Bingofeld (9, 12 oder 16 Kästchen)

So geht's: Die Schüler tragen vorgegebene Wörter aus ihrem bereits erlernten Wortschatz in das Bingofeld ein.
Anschließend nennen Sie die Wörter.
Jeder Schüler, der das Wort auf seinem Bingofeld hat, darf das entsprechende Kästchen anmalen. Wer als erster waagerecht, senkrecht oder diagonal alle Kästchen einer Reihe ausgemalt hat, ruft „Bingo!" und ist der Sieger.

Varianten:

- Nennen Sie die Wörter nicht in der Fremdsprache, sondern auf Deutsch und erhöhen Sie so den Schwierigkeitsgrad der Aufgabe.
- Insbesondere in der 3. Klasse ist den Schülern häufig das Schriftbild der Wörter noch nicht bekannt. Bereiten Sie daher Bingofelder mit Bildern vor, z. B. zum Thema „Animals" oder „Food", die Sie dann für alle kopieren und ggf. laminieren.

Mathebingo

Mit Mathebingo lassen sich die Grundrechenarten schulen.

Klasse 1–4

Zeit: 10–15 Minuten

Material: für jeden Schüler ein Schreibblatt mit einem Bingofeld (9, 12 oder 16 Kästchen)

So geht's: Die Schüler tragen Zahlen aus einem vorgegebenen Zahlenraum in die Kästchen ein. Anschließend stellen Sie Kopfrechenaufgaben; wahlweise zu den Grundrechenarten, zu dem gerade aktuellen Thema oder einfache Sachaufgaben.
Jeder Schüler, der die Lösungszahl auf seinem Bingofeld hat, darf das entsprechende Kästchen anmalen. Wer als erster waagerecht, senkrecht oder diagonal alle Kästchen einer Reihe ausgemalt hat, ruft „Bingo!" und ist der Sieger.

© Nobert Höveler

Variante: Das Spiel lässt sich ausdehnen, indem alle Kästchen ausgemalt sein müssen.

Tipp: Sie können auch zu Hause Bingofelder vorfertigen und diese dann nach Bedarf kopieren oder einlaminieren, sodass sie mit wasserlöslichem Folienschreiber immer wieder verwendbar sind.

Spielesammlung

„Können wir was spielen?“ ist wohl ein viel gehörter Satz zu Beginn einer Vertretungsstunde. Ja, warum eigentlich nicht?
Hier finden Sie einige Vorschläge für Spiele, die sich fast immer und überall einsetzen lassen und dennoch nicht bloß Lückenfüller sind.

Tafelfußball

Ein beliebtes Spiel bei Schülern ist „Tafelfußball“ (siehe auch S. 93).
Die Einsatzmöglichkeiten sind vielfältig: zum spielerischen Festigen von Vokabeln, von Sach- und Allgemeinwissen oder für Kopfrechenaufgaben.

So geht's: Zeichnen Sie ein Fußballfeld an die Tafel; an den Seiten zwei Tore und auf jeder Seite der Mittellinie drei senkrechte Striche.

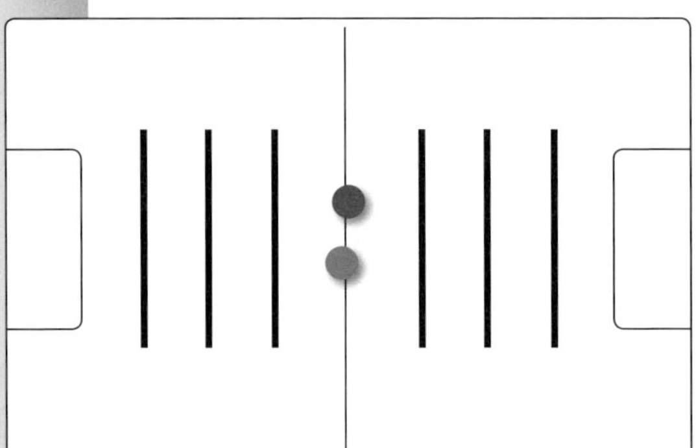

Ein Magnet dient als Spieler und wird in die Mitte gesetzt. Teilen Sie die Klasse in 2 Teams ein. Anschließend stellen Sie Fragen zu dem vorher vereinbarten Thema.
Die Teams antworten abwechselnd.
Ist ihre Antwort richtig, rückt der Magnetstein ein Feld weiter in Richtung gegnerisches Tor. Ist sie falsch, darf das andere Team antworten.
Ist der Magnetstein in einem der Tore angelangt, erhält die Mannschaft einen Punkt. Vereinbaren Sie vorher unbedingt klare Regeln, damit es nicht zu Diskussionen kommt:

- **Nach wie vielen Toren wird das Spiel beendet?**
- **Darf das Team einfach die Antwort hineinrufen oder der Reihe nach antworten …?**

Herr Falsch und Herr Richtig

Auch dieses Spiel ist bei den Schülern sehr beliebt und lässt sich vielfältig einsetzen. Es eignet sich besonders zur Auflockerung nach anstrengenden Arbeitsphasen, da es Lernen mit Bewegung verbindet.

So geht's: Hängen Sie im Klassenraum (oder in der Pausenhalle, vorher Nutzungsbedingungen klären!) eine rote und eine grüne Karte auf (wahlweise auch Karten mit einem lachenden und einem weinenden Smiley). Die Schüler verteilen sich im Klassenraum. Machen Sie verschiedene Aussagen. Ist die Aussage richtig, gehen die Schüler zu Herrn Richtig (grüne Karte oder lachender Smiley), ist sie falsch, zu Herrn Falsch (rote Karte oder weinender Smiley) und korrigieren die Aussage. Beispiele für Aussagen:

- **Aussagen zu einer Geschichte, die die Schüler im Vorfeld gelesen haben**
- **Aussagen zu einem Sachtext, den die Schüler im Vorfeld gelesen haben**
- **Aussagen zu einem Bild, das vorher gemeinsam betrachtet wurde und im Klassenraum ausgehängt ist**
- **Aussagen zum Allgemeinwissen ...**

Ein Schüler kann die Rolle des Spielleiters übernehmen und Aussagen treffen.

Tintenteufel

Dieses Spiel eignet sich besonders, um genaues Zuhören und das Unterscheiden lautähnlicher Wörter (Minimalpaare) zu trainieren, was vielen Schülern schwerfällt.

So geht's: Der Tintenteufel hat in einem Wörterbuch alle Wörter durcheinandergebracht. Die Schüler sind die Wörter und müssen sich wieder neu ordnen.

⇨

Jeder Schüler bekommt ein Wort ins Ohr geflüstert. Je 3 Schüler bekommen dasselbe Wort, die anderen jeweils ein Minimalpaar des Wortes.

Beispiele: **Stier, Tier, Tür, für**
Tische, Tasche, Flasche, Fische usw.

Die Schüler gehen im Klassenraum umher. Dabei spricht jeder sein Wort vor sich hin und hört gleichzeitig konzentriert auf das Gemurmel der anderen.
Ziel ist es, dass sich alle 3er-Gruppen mit dem gleichen Wort finden.

Variante: Die Schüler sprechen ihre Wörter auf unterschiedliche Weise: flüstern, sprechen wie ein Roboter, wie eine feine Dame usw.

Memo aus zusammengesetzten Nomen

Dieses Spiel wird zu zweit oder in kleinen Gruppen nach den klassischen Memo-Regeln gespielt. Lerninhalt sind dabei allerdings zusammengesetzte Nomen (Komposita).

So geht's: Die Schüler sammeln zunächst gemeinsam Komposita und schreiben je einen Teil des Wortes auf eine, den anderen auf eine andere kleine Karte.

Beispiele: **Haus-Tür, Bett-Decke**
Finger-Ring (Ring-Finger) usw.

Anschließend spielen sie das Spiel. Wer findet die meisten Paare?

Tipp: Alternativ können Sie das Spiel natürlich auch zu Hause selbst einmal vorbereiten. Einlaminiert sind die Karten lange haltbar und stets einsatzbereit.

Variante: Das Spiel lässt sich auch gut mit Reimwörtern spielen.

Was fehlt denn da?

Dieses Spiel eignet sich besonders zur Schulung der visuellen Wahrnehmung und zum Gedächtnistraining.

So geht's: Die Schüler sitzen im Kreis. In der Kreismitte liegen einige Gegenstände, die die Schüler aus dem Klassenraum ausgewählt haben. Je mehr Gegenstände, desto schwieriger wird das Spiel. Die Schüler versuchen, sich die Gegenstände möglichst gut einzuprägen. Nun verlässt ein Schüler den Klassenraum oder dreht sich um; ein anderer nimmt einen Gegenstand weg. Errät der Schüler, was fehlt?

Varianten: Um den Schwierigkeitsgrad zu erhöhen, können die anderen Gegenstände durcheinandergemischt oder zwei oder mehrere weggenommen werden. Lassen Sie alle Schüler die Augen schließen und nehmen Sie selbst einen Gegenstand weg. Wer es als Erster errät, darf als Nächster einen Gegenstand entfernen.

Tipp: Dieses Spiel eignet sich auch für den Fremdsprachenunterricht zur Festigung der Vokabeln. Wählen Sie dafür nur wenige Gegenstände aus, die den Schülern in der Fremdsprache bereits bekannt sind.

1, 2 oder 3 – im Klassenraum

So geht's: Für dieses einfache Spiel benötigen Sie Blätter mit Zahlen. Wählen Sie für die Zahlen einen Zahlenraum, der für die jeweilige Klasse mit Kopfrechenaufgaben einfach zu bewältigen ist, und hängen Sie die Blätter im Klassenraum verteilt auf.
Die Schüler verteilen sich im Klassenraum. Stellen Sie verschiedene Kopfrechenaufgaben, deren Lösung Sie aufgehängt haben. Jeder Schüler entscheidet sich für eine Lösung und stellt sich vor ihr auf. Wer findet die richtige? Jeweils ein Schüler aus der Siegergruppe darf die nächste Aufgabe stellen.

Tipp: Dieses Spiel eignet sich auch gut zur Festigung und Wiederholung des $1 \cdot 1$.

Wie viele Laute?

Dieses Spiel eignet sich hervorragend zur Schulung der auditiven Wahrnehmung und ist bei Schülern sehr beliebt. Es kann zu Beginn der Stunde, als Auflockerung zwischendurch oder zum Ausklang gespielt werden.

So geht's: Schlagen Sie ein Tamburin (oder ein anderes Orff-Instrument oder Ihren Klangstab) einige Male an. Die Schüler schließen die Augen, zählen mit und nennen anschließend die Anzahl (oder halten die passende Ziffernkarte hoch, siehe S. 89). Stattdessen können sie den Zahlenwert auch hüpfen oder nachklatschen. Erhöhen Sie den Schwierigkeitsgrad, indem Sie kleine Rechenaufgaben stellen: Legen Sie vorher die Rechenart fest („plus“, „minus“, „mal“, „geteilt“) und schlagen Sie das Instrument mit einer kleinen Pause an. Wer erhört die Lösung?

Bewegungs- und Entspannungsübungen

Auch – oder sogar gerade – in Vertretungsstunden sollte immer wieder auch Zeit für kleine Entspannungs- und Bewegungsübungen eingeplant werden. Diese kleinen Auszeiten sind sehr wichtig zur Steigerung der Konzentration und zur Regeneration. Trotzdem kommen sie aus Zeitmangel häufig zu kurz. Ein Grund mehr, Vertretungsstunden dafür zu nutzen!

Linke und rechte Hemisphäre

Diese Übungen stärken die Koordination der linken und rechten Gehirnhälfte. Sie werden feststellen, dass einigen Schülern diese vermeintlich leichten Übungen sehr schwer fallen. Üben Sie immer mal wieder zwischendurch ein paar Minuten. Das macht Spaß, entspannt und fördert die Konzentration der Schüler!

So geht's:

Die liegende Acht

Die Schüler stellen sich hinter ihre Stühle oder verteilen sich so im Klassenraum, dass sie ihre Arme frei ausstrecken können. Anschließend schreiben sie erst mit dem rechten, dann mit dem linken und schließlich mit beiden Armen eine große, liegende Acht in die Luft. Dabei verfolgen sie ihre Hände mit den Augen.

Überkreuz-Marsch

Die Schüler marschieren zunächst auf der Stelle. Dann ziehen sie die Knie abwechselnd vor dem Körper hoch und führen jeweils den rechten Ellenbogen zum linken Knie und den linken Ellenbogen zum rechten Knie.

Bärenwäsche (Massage)

Diese spielerische Massage kann zu jeder Zeit in den Unterricht integriert werden und fördert die Konzentration und das Miteinander der Schüler. Die Teilnahme sollte dabei allerdings immer freiwillig sein, wer nicht mitmachen möchte, darf in der Zeit etwas lesen.

© Nobert Höveler

So geht's: Die Schüler stellen sich zu zweit hintereinander auf und führen nach Ihrer Anleitung die Bewegungen durch. Die Massage soll für alle angenehm und für niemanden schmerzhaft sein! Ein Schüler ist der Bär, der andere ist der Pfleger. Anschließend wird getauscht.

→ *Heute ist Bärenwaschtag im Zoo. Als Erstes muss das Fell des Bären mit dem Wasserschlauch nass gespritzt werden.*
Mit den Fingern vorsichtig auf den Kopf, Rücken, die Arme und die Beine des Bären trommeln.

→ *Jetzt wird der Bär ordentlich einshampooniert.*
Rücken, Arme und Beine des Bären mit beiden Händen durchkneten.

→ *Nun wird er mit einer Bürste von oben bis unten abgeschrubbt.*
Mit den Fingernägeln in kreisförmigen Bewegungen über Rücken, Arme und Beine des Bären rollen.

→ *Zeit zum Ausspülen! Der Bär wird gründlich abgeduscht, bis die Seife ganz ausgewaschen ist.*
Mit den flachen Händen von oben nach unten über Kopf, Arme, Beine und Rücken des Bären streichen.

→ *So, nun muss der Bär nur noch trocken gerubbelt werden.*
Mit den flachen Händen über Arme, Beine und Rücken rubbeln.

→ *Aah, das tat gut. Noch einmal kräftig schütteln – und fertig ist die Bärenwäsche.*
Der Bär schüttelt sich kräftig.

Lauschspiel

Gerade in der heutigen Zeit, in der Kinder einer ständig zunehmenden Geräuschkulisse ausgesetzt sind, fällt ihnen genaues und konzentriertes Hinhören sehr schwer. Mit kleinen Übungen lässt sich dies gezielt fördern.

So geht's: Die Schüler schließen die Augen und setzen sich entspannt hin. Öffnen Sie das Fenster. Die Schüler konzentrieren sich eine Minute lang genau auf die Geräusche. Anschließend tauschen Sie sich gemeinsam aus. Was hast du gehört? Autolärm? Vogelgezwitscher? Musik aus dem Musikraum? Das Atmen des Nachbarn?

Variante: Erzeugen Sie selbst Geräusche, indem Sie nacheinander in drei verschiedene Ecken des Klassenzimmers gehen und dort jeweils ein Geräusch machen, z. B. auf die Tafel klopfen, ein Blatt Papier zerknüllen oder den Wasserhahn kurz laufen lassen.
Können die Schüler erkennen, welches Geräusch Sie gemacht haben und woher es kam?

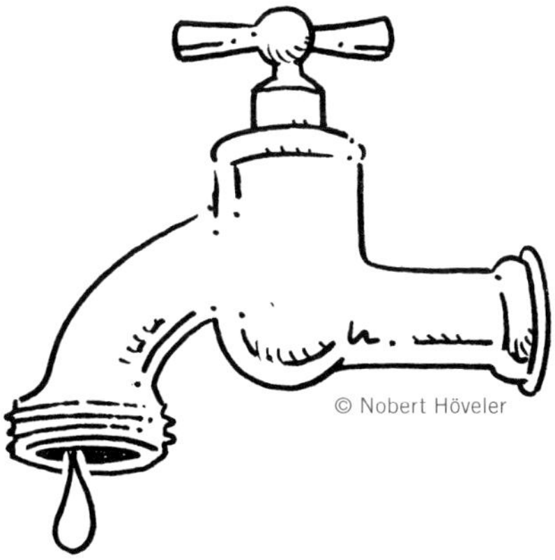

© Nobert Höveler

8 Dos and Don'ts

Eine Zusammenfassung

Mit den Informationen aus den vorangegangenen Kapiteln haben Sie nun das nötige „Rüstzeug" an die Hand bekommen, um erfolgreich als Vertretungslehrerin zu starten. In diesem Kapitel ist noch einmal zusammengefasst, worauf Sie unbedingt achten und was Sie tunlichst vermeiden sollten.

1. **Flüstern statt schreien:** Jeder von uns neigt dazu, den gewissen Lärmpegel, der immer in einer Klasse herrscht, irgendwie zu übertönen. Manchmal artet das so weit aus, dass Sie das Gefühl haben, sich nur noch mit Geschrei Gehör verschaffen zu können. Drehen Sie den Spieß um! Flüstern Sie, statt zu schreien. Manchmal wird es einen Moment dauern, bis Sie die ungeteilte Aufmerksamkeit der Schüler erreichen – aber es wird sich wie ein Lauffeuer in der Klasse verbreiten, dass Sie etwas zu sagen haben. Nutzen Sie den Moment der Irritation.
   Es lohnt sich: Wenn Sie flüstern, müssen die Schüler leise sein, damit sie etwas verstehen.

2. **Schreiben Sie immer genau auf, was Sie mit den Schülern gemacht haben.** Behalten Sie eine Kopie für Ihre Unterlagen (man weiß nie, wofür man das noch einmal braucht – im schlimmsten Fall bei Streitigkeiten über Stundenabrechnungen, im besten Fall, weil die Stunde sehr gelungen war und Sie noch einmal darauf zurückgreifen möchten). Legen Sie eine weitere Kopie der Klassenlehrerin auf das Pult, damit sie weiß, was in ihrer Klasse stattgefunden hat und woran sie ggf. anknüpfen kann. Sie können von den Klassenlehrerinnen nicht erwarten, dass sie es genauso handhaben. Gehen Sie dennoch mit gutem Beispiel voran.

3. **Schaffen Sie sich einen Klangstab o. Ä. an.** Eigene Rituale in der Vertretungsklasse einzuführen, ist schwierig. Ein akustisches Signal erfüllt jedoch immer seinen Zweck. Setzen Sie es flexibel ein und vereinbaren Sie vorher mit den Schülern die Bedeutung (Ende der Gruppenarbeit, Zeit zum Aufräumen, die Klasse ist zu laut etc.). Achtung: Setzen Sie es aber nicht zu häufig ein, denn dann kann es passieren, dass die Kinder auf das Signal nicht mehr reagieren.

4. Informieren Sie sich genau über die Schul- und Klassenregeln, bevor Sie in die Klasse gehen. Lassen Sie nicht die Schüler die Regeln für Sie interpretieren!

5. Lassen Sie sich nicht auf Diskussionen mit den Schülern ein. Rechnen Sie damit, dass die Schüler versuchen werden, Sie mit Aussagen wie *„Bei Frau Soundso machen wir das aber anders"* oder *„Bei Herrn Soundso dürfen wir aber …"* in ihrem Interesse zu beeinflussen, insbesondere wenn es um Hausaufgaben oder Spielen in Vertretungsstunden geht. Hier hilft nur ein klares Nein – sonst werden Sie in Zukunft nur noch diskutieren!

6. Kommen Sie rechtzeitig. Seien Sie nicht morgens die Letzte, die kommt, und mittags die Erste, die geht. Auch wenn Sie vielleicht nicht so intensiv in das Kollegium eingebunden sind oder sich für Ihre Arbeit schlecht bezahlt oder zu wenig wertgeschätzt fühlen – gehen Sie mit gutem Vorbild voran. Nur so können Sie auch etwas an Ihrer eigenen Situation im Kollegium ändern!

7. Informieren Sie im Notfall die Lehrerin nebenan, z. B. wenn Sie den Klassenraum kurzzeitig verlassen müssen. Lassen Sie die Klasse niemals unbeaufsichtigt!

8. Suchen Sie den Kontakt zu Kolleginnen. Nutzen Sie Freistunden und die Pausen, um mit den Kolleginnen ins Gespräch zu kommen. Erkundigen Sie sich auch nach etwaigen Kaffeekassen, Geburtstagsgeschenkelisten und geplanten Lehrerausflügen und beteiligen Sie sich ggf. daran.

9. Gehen Sie immer gemeinsam mit den Schülern vom Klassenraum zum Fachraum, insbesondere zur Sporthalle. Bitten Sie die Kollegen, die Schüler darauf hinzuweisen, dass sie im Vertretungsfall immer zunächst im Klassenraum warten. Nur so lassen sich Situationen wie im Erfahrungsbericht zu Beginn des Buches geschildert vermeiden (siehe S. 8/9).

10. Ermutigen Sie die Schüler immer mit **Lob** und **positiver Verstärkung**.

11. **Verstärken Sie, wann immer es geht, erwünschtes Verhalten, statt unerwünschtes zu bestrafen.** Planen Sie z. B. die letzten 5 Minuten für ein (sinnvolles) Spiel ein, das dann gespielt wird, wenn die Schüler das Unterrichtsziel erreichen.

12. **Lernen Sie die Ausgangsschrift** (Schreibschrift) **der Schüler.** Informieren Sie sich, welche Schrift die Schüler an der jeweiligen Schule lernen; es gibt verschiedene Ausgangsschriften. Am gängigsten sind die lateinische und die vereinfachte Ausgangsschrift. Gerade jüngere und lernschwache Schüler haben oft Schwierigkeiten, andere Ausgangsschriften als die Erlernte zu lesen.

13. **Üben Sie, an der Tafel zu schreiben.** So banal es klingt: Auch hier ist noch kein Meister vom Himmel gefallen. Bedenken Sie dabei auch, dass die Schüler der Eingangsstufe mit der Druckschrift beginnen und die Ausgangsschrift meist erst gegen Ende des 1. Schuljahres lernen. Berücksichtigen Sie den Tafelanschrieb auch bei Ihrer Unterrichtsplanung. Spontanschreibungen ergeben oft chaotische Tafelbilder.

14. Denken Sie bei der Auswahl oder Gestaltung von Arbeitsblättern (insbesondere bei Schmuckblättern für Geschichten oder Schreibpapier) daran, dass die Schüler in den **unterschiedlichen Jahrgangsstufen** auch **unterschiedliche Schreiblinien** haben. Informieren Sie sich bereits im Vorfeld, welche Klasse mit welchen Linien arbeitet.

15. **Beginnen Sie Ihren Unterricht grundsätzlich erst dann, wenn Sie die ungeteilte Aufmerksamkeit der Schüler haben.** Gerade als Berufsanfänger fällt es einem manchmal schwer, diese Momente zu Beginn der Stunde durchzuhalten. Versuchen Sie es trotzdem – Sie werden sonst möglicherweise die ganze Stunde dagegen ankämpfen, dass sich die Schüler mit etwas anderem beschäftigen.

Und noch ein paar persönliche Ratschläge zum Schluss

Lehrerin sein – das ist mit Sicherheit einer der verantwortungsvollsten und anstrengendsten Aufgaben unserer Gesellschaft. Aber es ist – wenn man es richtig angeht – auch eine der schönsten. Die Entwicklung junger Menschen zu beobachten, zu sehen, wie sie immer selbstständiger werden, sie zu unterstützen und zu fördern, um ihnen die bestmöglichen Chancen für ihre Zukunft zu geben – dabei gibt man viel, aber man bekommt oft ebenso viel zurück.

Dennoch hat man manchmal auch das Gefühl, den vielen Aufgaben nicht mehr gewachsen zu sein; das ist ganz normal. Es allen recht zu machen, den Eltern, den Kolleginnen, den Schulämtern, den Schülern selbst – das geht oft nicht. Und wenn man dann nachmittags erschöpft nach Hause kommt, sich nur ein paar Minuten Ruhe auf der Terrasse gönnen möchte und dann vom Nachbarn über den Zaun zu hören bekommt: *„Na, schon wieder Feierabend? Lehrer müsste man sein!"* – dann ist es nicht immer leicht, souverän und gelassen zu bleiben, weil man selbst am besten weiß, was man täglich leistet.

Versuchen Sie es trotzdem! Bleiben Sie gelassen, rechtfertigen Sie sich nicht für Ihre professionelle und anspruchsvolle Arbeit. Und gönnen Sie sich ab und zu auch mal eine Auszeit. Gerade das Abschalten fällt Lehrerinnen oft schwer, weil sie meistens rund um die Uhr mit den Gedanken bei der Schule sind:

„Habe ich auch wirklich für morgen nichts vergessen? War es in Ordnung, dass ich heute mal mehr Hausaufgaben gegeben habe, weil wir in der Stunde zu wenig geschafft haben und die nächste Klassenarbeit ansteht? Ruft wohl Frau Bierske heute noch an, um sich über das Loch in Tareks neuer Hose zu beschweren?"

Einen Nachmittag mal nichts machen, ein Wochenende einfach mal wegfahren – haben Sie kein schlechtes Gewissen dabei. Sie haben es sich verdient.

Ob Sie eine dauerhafte Beschäftigung als Vertretungskraft anstreben oder nur auf der „Durchreise" zur Festanstellung sind – ich hoffe, die Anregungen und Ideen in diesem Buch sind Ihnen eine Hilfe, Ihre Aufgaben als Vertretungslehrerin erfolgreich zu meistern.

Ich wünsche Ihnen bei dieser verantwortungsvollen Aufgabe viel Freude und viel Erfolg!

9 Vorlagen und Formulare

Das bin ich

Liebe Kolleginnen,

ich freue mich, ab dem

....

als Vertretungslehrerin an Ihrer Schule zu unterrichten, und hoffe, Sie tatkräftig zu unterstützen.

Damit Sie wissen, wer das neue Gesicht in Ihrer Klasse ist, sind hier schon einmal die wichtigsten Daten über mich:

Foto

Name: ....

Telefonnummer: ....

E-Mail-Adresse: ....

Studienfächer: ....

....

....

Herzliche Grüße

Wichtige Telefonnummern und Adressen 1

Schulleitung *(privat)*	*Telefon:* *Handy:* *E-Mail:*	*Adresse:*
Sekretariat	*Telefon:* *Handy:* *E-Mail:*	*Adresse:*

Kollegen:

	Telefon: *Handy:* *E-Mail:*	*Adresse:*
	Telefon: *Handy:* *E-Mail:*	*Adresse:*
	Telefon: *Handy:* *E-Mail:*	*Adresse:*
	Telefon: *Handy:* *E-Mail:*	*Adresse:*
	Telefon: *Handy:* *E-Mail:*	*Adresse:*
	Telefon: *Handy:* *E-Mail:*	*Adresse:*
	Telefon: *Handy:* *E-Mail:*	*Adresse:*
	Telefon: *Handy:* *E-Mail:*	*Adresse:*

Wichtige Telefonnummern und Adressen 2

Schul-Elternvertreter	*Telefon:* *Handy:* *E-Mail:*	*Adresse:*
Hausmeister	*Telefon:* *Handy:* *E-Mail:*	*Adresse:*
Vorsitzender Förderverein	*Telefon:* *Handy:* *E-Mail:*	*Adresse:*
Busunternehmen	*Telefon:* *Handy:* *E-Mail:*	*Adresse:*

Sonstige:

	Telefon: *Handy:* *E-Mail:*	*Adresse:*
	Telefon: *Handy:* *E-Mail:*	*Adresse:*
	Telefon: *Handy:* *E-Mail:*	*Adresse:*
	Telefon: *Handy:* *E-Mail:*	*Adresse:*
	Telefon: *Handy:* *E-Mail:*	*Adresse:*
	Telefon: *Handy:* *E-Mail:*	*Adresse:*

Information für Vertretungskräfte 1

Liebe/r Klassenlehrer/in der Klasse .... ,

damit eventueller Vertretungsunterricht in Ihrer Klasse gut und reibungslos klappt, bitte ich Sie, mir schon im Vorfeld einige Informationen über Ihre Klasse zu geben.
Ich freue mich auf eine gute Zusammenarbeit!

Herzlichen Dank und viele Grüße

....

Klassenlehrer: ....

Telefon: ....

Mobil: ....

E-Mail: ....

Wer unterrichtet welche Fächer?		**Lehrwerk:**
Deutsch:	....	....
Mathe:	....	....
Sachunterricht:	....	....
Sport:	....	....
Kunst:	....	....
Musik:	....	....
Religion:	....	....

Information für Vertretungslehrer 2

Klassensprecher: ....

Stellvertreter: ....

Regeln und Rituale:

....

....

....

....

Besonderheiten einzelner Schüler:

Name: ....

....

Name: ....

....

Name: ....

....

Name: ....

....

Sonstiges:

....

....

Fragebogen „Am 1. Tag“ zum Schulgebäude

☐ *Wie sind die Klassenraumverteilungen im Schulgebäude gegliedert?*

☐ *Wie viele Klassen jeder Stufe gibt es?*

☐ *Welche Fachräume gibt es und wo befinden sich diese?*

☐ *Gibt es eine Sporthalle am Gebäude oder fahren die Schüler zum Sport zu einer anderen Schule/dem städtischen Sportzentrum?*

☐ *Wo steht der Kopierer?*

☐ *Gibt es eine Schüler- bzw. Lehrerbibliothek?*

☐ *Wo wird Verbrauchsmaterial (Bastelmaterial etc.) gelagert und darf sich daran jeder bedienen?*

☐ *Wie heißt der Hausmeister und wo liegt sein Büro?*

☐ *Wie heißt die Sekretärin und wo liegt ihr Büro?*

☐ *Welche schulinternen Regelungen gibt es bei Feueralarm?*

Fragebogen „Am 1. Tag“ zum Kollegium

☐ *Wie viele Lehrerinnen arbeiten an Ihrer Schule?*

....

☐ *Wer unterrichtet welche Fächer – in welcher Klasse?*

....

....

....

....

....

....

☐ *Gibt es Lehramtsanwärterinnen?*

....

....

....

☐ *Gibt es pädagogische Mitarbeiterinnen?*

....

....

....

☐ *Gibt es Lehrerinnen mit besonderen Aufgaben, die für bestimmte Bereiche Ansprechpartner sind (z. B. Vertrauenslehrerin, Computerraum, Homepage usw.)?*

....

....

Planung einer Unterrichtsstunde

Zeit	Unterrichtsschritte	Sozialform	Material

Planung einer Unterrichtseinheit

Thema der Einheit: ....

....

geplante Anzahl der Stunden: ☐

davon Doppelstunden: ☐

Datum	Thema der Stunde	Lernziel	Material

Mein Tagesplan

Datum: ....

Stunde/Zeit		Material
	Klasse: Raum: Fach: Thema:	
	Klasse: Raum: Fach: Thema:	
	Klasse: Raum: Fach: Thema:	
	Klasse: Raum: Fach: Thema:	
	Klasse: Raum: Fach: Thema:	
	Klasse: Raum: Fach: Thema:	

weitere Termine:

Mein persönlicher Wochenplan

Kalenderwoche .... **vom** .... **bis** .... **.**

	Mo	Di	Mi	Do	Fr

Sonstige wichtige Termine: ....

....

....

....

Zu besorgen (Arbeitsmaterial etc.): ....

....

....

Stundenübersicht und -abrechnung

Name: ....

Zeitraum von .... **bis** ....

Datum	Stunden	Klasse / Thema

Stunden gesamt: ....

Der Verhaltensbogen

Name des Schülers: .... Datum: ....

Das habe ich gemacht: ....

....

....

Wie oft kommt das vor? Kreuze an:

☐ oft ☐ manchmal ☐ selten

Warum war das unangemessen? ....

....

....

Welche Probleme hat es hervorgerufen? ....

....

....

Das werde ich beim nächsten Mal anders machen: ....

....

....

....

Unterschrift des Schülers

Kommentar des Lehrers: ....

....

....

Unterschrift des Lehrers

Literaturhinweise

Grunefeld, M.; Schmolke, S.:
- **111 Ideen – Klassenlehrer sein in der Grundschule. Von Klassenverwaltung bis Raumgestaltung**
  Klasse 1–4.
  Verlag an der Ruhr, 2014.
  ISBN 978-3-8346-2585-4

Koll, K.; Rudolph, J.:
- **Wenn es mit Schülern, Eltern und Kollegen mal schwierig wird. 50 Anregungen für Problemlösungen im Schulalltag.**
  Klasse 1–10.
  Verlag an der Ruhr, 2013.
  ISBN 978-3-8346-2432-1

Lange, A.; Herzig, S.:
- **111 Ideen für das 1. Schuljahr. Vom ersten Schultag bis zum letzten Buchstabenfest.**
  Klasse 1.
  Verlag an der Ruhr, 2008.
  ISBN 978-3-8346-0363-0

Lindner, U.:
- **Elternabend in der Grundschule. Einfach vorbereiten, professionell durchführen, lebendig gestalten.**
  Klasse 1–4.
  Verlag an der Ruhr, 2013.
  ISBN 978-3-8346-2304-1

Meyer, H.:
- **Was ist guter Unterricht? Mit didaktischer Landkarte.**
  Alle Klassen.
  Cornelsen Scriptor, 2016.
  ISBN 978-3-5892-2047-2

Neubauer, F.; Schößler, S.:
- **30 x sinnvolle Vertretungsstunden für 45 Minuten – Klasse 1/2. Ausgearbeitete Stunden für den direkten Einsatz.**
  Klasse 1 und 2.
  Verlag an der Ruhr, 2017.
  ISBN 978-3-8346-3996-7

Neubauer, F.; Schößler, S.:
- **30 x sinnvolle Vertretungsstunden für 45 Minuten – Klasse 3/4. Ausgearbeitete Stunden für den direkten Einsatz.**
  Klasse 3 und 4.
  Verlag an der Ruhr, 2019.
  ISBN 978-3-8346-3683-6

Plevin, R.:
- **So bekomme ich meine Klasse ruhig – vom Chaos zur Stille. Wirkungsvolle Methoden bei Unterrichtsstörungen.**
  Klasse 1–4.
  Verlag an der Ruhr, 2017.
  ISBN 978-3-8346-3703-1

Schachner, A.; Schick, S.:
- **Rückmeldungen an Eltern. Fix und fertige Vorlagen für den Grundschulalltag.**
  Klasse 1–4.
  Verlag an der Ruhr, 2017.
  ISBN 978-3-8346-3582-2

Bildungsserver der Länder

Auf diesen Seiten können Sie sich über Einstellungsbedingungen, Vertretungsmodelle usw. der jeweiligen Bundesländer informieren:

- *Baden-Württemberg:* **www.schule-bw.de**
- *Bayern:* **www.km/bayern.de**
- *Berlin:* **www.bildungsserver.berlin-brandenburg.de**
- *Brandenburg:* **www.bildungsserver.berlin-brandenburg.de**
- *Bremen:* **www.bildung.bremen.de**
- *Hamburg:* **www.bildungsserver.hamburg.de**
- *Hessen:* **http://portal.bildung.hessen.de/**
- *Meckl.-Vorpommern:* **www.bildung-mv.de**
- *Niedersachsen:* **www.nibis.de/**
- *Nordrhein-Westfalen:* **www.schulministerium.nrw.de**
- *Rheinland-Pfalz:* **http://bildung-rp.de**
- *Saarland:* **www.saarland.de/bildungsserver.htm**
- *Sachsen:* **www.sn.schule.de/**
- *Sachsen-Anhalt:* **www.bildung-lsa.de/**
- *Schleswig-Holstein:* **www.lernnetz-sh.de/**
- *Thüringen:* **www.schulportal-thueringen.de**

Gewerkschaften und Verbände

- **GEW**
  Gewerkschaft Erziehung und Wissenschaft

  Bundesverband
  Reifenberger Straße 21
  60489 Frankfurt

  Tel.: 069–78973-0
  Fax: 069–78973-201
  www.gew.de

- **VBE**
  Verband Bildung und Erziehung e. V.

  Bundesgeschäftsstelle
  Behrenstraße 24
  10117 Berlin

  Tel.: 030–7261966-0
  Fax 030–7261966-19
  www.vbe.de

Internetseiten

Unterricht und Unterrichtsmaterialien

- **www.4teachers.de/**
  4teachers beinhaltet ein Komplettangebot rund um das Lehramt. Unterrichtsentwürfe und Arbeitsmaterialien. Darüber hinaus gibt es Lehramtsreferate und Klausurfragen.
- **www.schulfuchs.de/**
  Unterrichtsvorbereitungen, Bildungspolitik, Lehrpläne, Stundenentwürfe
- **www.guterunterricht.de/**
  Die Seite richtet sich an Lehrer bzw. Referendare und bietet Tipps, Ideen, Links sowie Arbeitsmaterialien.
- **www.schulportal.de/**
  Schulportal ist die kostenlose Börse für freie Unterrichtsmaterialien. Lehrer und Referendare finden hier Unterrichtsentwürfe, Lehrproben und Arbeitsblätter.
- **www.unterrichtsmaterial-schule.de/**
  Unterrichtsmaterial und Arbeitsblätter für Lehrer an Grund-, Haupt-, Real- und Sonderschulen, Klasse 1–9.
- *Kunstunterricht:*
  www.nicola-rother.de/
- *Sportunterricht:*
  www.sportunterricht.de/

Fachzeitschriften

- **Die Grundschulzeitschrift**
  Praxiserprobte Unterrichtsanregungen und -materialien für die Lernbereiche Deutsch, Mathematik und Sachunterricht. *Friedrich Verlag*
- **Grundschule**
  Informationen und Materialien für die Grundschule. *Westermann Verlag*
- **Grundschulmagazin**
  Impulse für kreativen Unterricht. *Oldenbourg Verlag*
- **Grundschulunterricht**
  Die Fachzeitschrift für die Grundschule. *Oldenbourg Verlag*
- **Praxis Grundschule**
  Anregungen für Unterricht und Projekte. *Westermann Verlag*
- **Praxisheft Flohkiste**
  Lehrerinnen und Lehrern an Grundschulen wird im Rahmen der Probeheft-Aktion von „FLOHKISTE/floh! kostenlos" ein Praxisheft angeboten. *Domino Verlag*
- **Sache Wort Zahl**
  Grundschulzeitschrift für Sachkunde, Deutsch und Mathematik: erprobte Unterrichtsbeispiele, Arbeitsblätter als Kopiervorlagen. *Aulis Verlag*

Maike Grunefeld, Silke Schmolke

111 Ideen – Klassenlehrer sein in der Grundschule

Von Klassenverwaltung bis Raumgestaltung

Praxishandbuch für Lehrer an Grundschulen, alle Fächer, Klasse 1–4

120 Seiten, 17 x 24 cm, Paperback, Zusatzmaterialien zum Download

ISBN 978-3-8346-2585-4

Best.-Nr. 62585

Gerade für Grundschulkinder ist die Klassenlehrerin oder der Klassenlehrer eine prägende Person. Für Sie eine erfüllende, aber auch herausfordernde Rolle. Speziell für die Grundschule vermittelt dieser Ratgeber, was Klassenlehrer wissen müssen und in der Praxis brauchen! Fundiert, aber immer auf den Punkt liefern diese 111 Ideen aus allen Bereichen der Klassenführung und des Classroom-Managements Berufseinsteigern und Referendaren alles Wissenswerte, um ihre Aufgaben und Pflichten als Klassenleitung ganz entspannt zu meistern. Dabei müssen Sie keinesfalls das ganze Buch durchlesen; Sie können sich stets auch nur das herauspicken, was Sie gerade interessiert: ob Anregungen zum guten Klassenklima, zur Raumgestaltung und Sitzordnung, zur Unterrichtsorganisation, zu Ritualen, zum richtigen Umgang mit Störungen und Kritik, zur gelingenden Elternarbeit und tolle Ideen für Klassenfeste. Aber auch „alte Hasen" bekommen viele frische, sinnvolle Impulse, z. B. zur Teamarbeit, zu Organisationskniffen und zur Gestaltung von Übergängen. Und mit den Zusatzmaterialien zum Download (u. a. Vorlagen, Listen, Schilder, Beobachtungsbögen) sind Sie sofort bereit für Ihre Klasse!

Produktempfehlung

Sabine Herzig, Anke Lange-Wandling

111 Ideen für das 1. Schuljahr

Vom ersten Schultag bis zum letzten Buchstabenfest

Methoden- und Ideensammlung für Lehrer an Grundschulen und Förderschulen
Klasse 1

243 Seiten, 16 x 23 cm, Paperback, Zusatzmaterialien zum Download

ISBN 978-3-8346-0363-0

Best.-Nr. 60363

Nichts ist wichtiger als ein gelungener Start ins Schulleben! Die richtigen Voraussetzungen bringen die kleinen i-Dötzchen schon durch ihre Neugier und Lernfreude in die Schule mit. Aber auch das Lernumfeld selbst spielt für den Schulanfang eine wichtige Rolle. Ihnen als Lernbegleiter fällt also eine wichtige Aufgabe zu, die Sie mit diesem Handbuch sicher meistern können!
Die 111 praxisnahen Ideen für den Schulstart vermitteln Basiswissen, Handlungssicherheit und geben neue Impulse für das ganze 1. Schuljahr: Wie strukturiere ich den Tagesablauf in der Schuleingangsphase? Wie kann ich die Kinder am ersten Schultag bei der Einschulung willkommen heißen? Wie können die Erstklässler eine Klassengemeinschaft aufbauen? Welche Regeln und Rituale sind im Anfangsunterricht wichtig? Wie organisiere ich mich und meinen Unterricht? Wie erfülle ich am besten meine Aufgaben als Klassenlehrer? Wie schaffe ich vielfältige Lernanlässe in einem individualisierten Unterricht? u. v. m. Ganz praktisch in der Handhabung: Die Ideen des Ratgebers sind übersichtlich gegliedert nach Lernziel, Material und Ablauf und werden durch zahlreiche Kopiervorlagen als Download ergänzt – das bedeutet wenig Zeit für die Unterrichtsvorbereitung und viel Zeit für die Kinder!